글 전미경

어렸을 때 책을 읽고 또 읽던 아이였어요. 골목에서 뛰어노는 것도 좋아하고, 방에서 텔레비전 보는 것도 좋아했지요. 대학에서 독어독문학을 공부하면서, 졸업하고 나서 무슨 일을 할까 곰곰 생각했어요. 좋아하는 세 가지 중에 책 만드는 사람이 되어야겠다고 생각했어요. 그리고 지금 어린이책을 기획하고, 쓰고, 편집하는 곰곰에서 일하고 있습니다. '자신만만 생활책' 시리즈를 기획, 편집하였습니다.

그림 홍기한

한국일러스트레이션학교와 서울시립대학교 디자인전문대학원에서 일러스트레이션을 공부했습니다. 재미난 캐릭터로 어린이들의 사랑을 받고 있습니다. 마음을 두드리는 이야기, 상상력을 자극하는 그림을 그리기 좋아합니다. 그린 책으로는 『살아 있는 뼈』『출렁출렁 기쁨과 슬픔』『고인돌-아버지가 남긴 돌』 『멋진 열두 살』『나의 사촌 세라』『커다란 나무』『새록새록 웃긴 이야기』들이 있습니다.
http://brazi1.blog.me

감수 살림의료복지사회적협동조합 가정의학과 의사 추혜인, 치과 의사 박인필, 운동처방사 박은지
주민과 의료진이 협동하여 건강한 주민, 건강한 마을을 만들기 위해 세운 비영리 단체입니다. 살림의원, 살림치과, 운동센터 다짐을 운영하고 있습니다. 환자를 진료할 뿐만 아니라 질병의 예방과 건강 교육에도 힘쓰고 있습니다.

★자신만만 생활책★
몸 잘 자라는 법

2017년 1월 3일 1판 1쇄
2024년 3월 10일 1판 8쇄

ⓒ전미경, 홍기한, 곰곰 2017

글 : 전미경 | 그림 : 홍기한 | 기획·편집 : 곰곰_전미경, 안지혜 | 디자인 : 권석연 | 편집관리 : 그림책팀
제작 : 박흥기 | 마케팅 : 이병규, 양현범, 이장열, 김지원 | 홍보 : 조민희 | 출력 : EPS | 인쇄 : (주)로얄프로세스 | 제책 : 책다움
펴낸이 : 강맑실 | 펴낸곳 : (주)사계절출판사 | 등록 : 제406-2003-034호
주소 : (우)10881 경기도 파주시 회동길 252
전화 : 031)955-8588, 8558 | 전송 : 마케팅부 031)955-8595 편집부 031)955-8596
홈페이지 : www.sakyejul.net | 전자우편 : picturebook@sakyejul.com
페이스북 : facebook.com/sakyejulpicture | 트위터 : twitter.com/sakyejul
블로그 : blog.naver.com/skjmail | 인스타그램 : sakyejul_picturebook

값은 뒤표지에 적혀 있습니다. 잘못 만든 책은 구입하신 서점에서 바꾸어 드립니다.
사계절출판사는 성장의 의미를 생각합니다. 사계절출판사는 독자 여러분의 의견에 늘 귀 기울이고 있습니다.

ISBN 978-89-5828-901-2 74370 ISBN 978-89-5828-445-1 74370(세트)

자신만만 생활책

전미경 글 ★ 홍기한 그림

몸 잘 자라는 법

사계절

우리 몸을 살펴보자

우리 몸에는 머리, 가슴, 배, 팔, 다리가 있어.
뒤쪽에 등과 엉덩이도 있지. 얼굴에는 눈, 코, 입, 귀가 있어.
팔에는 손이 달리고, 다리에는 발이 달렸지.
몸을 감싸고 있는 건 피부야. 피부에는 털이 나 있어.

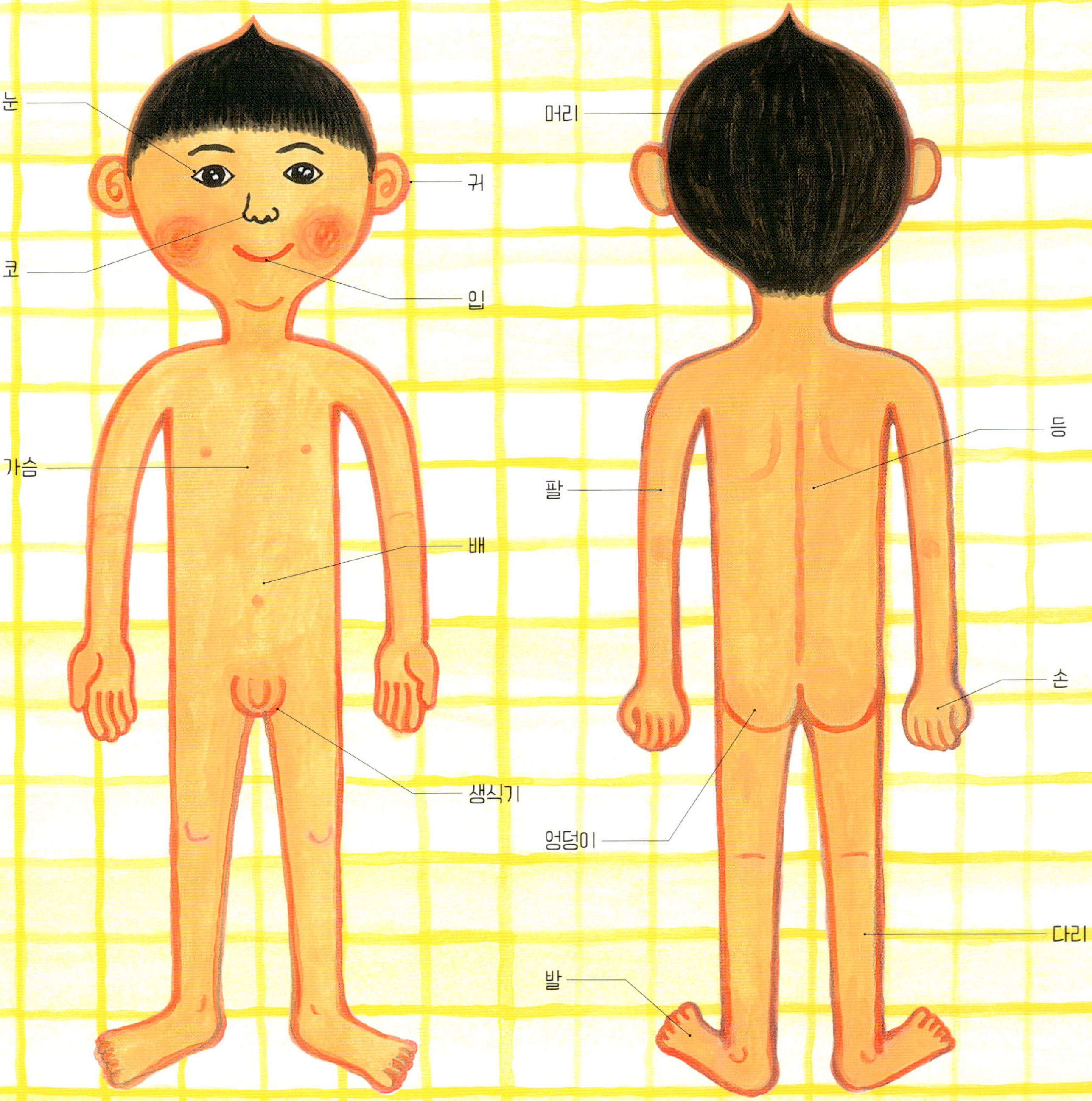

몸속에는 뼈와 근육, 그리고 내장 기관이 있어.
머릿속에는 뇌가 있지.
우리가 살고 생활하는 데 필요한 것들이야.
우리는 날마다 무엇을 할까?

우리 몸은 계속 무언가를 하고 있어.
아무것도 하지 않는 것처럼 보일 때도 있지.
그때도 우리는 숨을 쉬고, 심장이 뛰고 있어.
잠잘 때조차 가만히 있지 않아.
우리 몸은 우리가 알든 모르든 아주 열심히, 많은 일을 하고 있어.

내 몸이 곧 나야!

안녕? 우리는 '내몸조연구단'이야. 내 몸이 ~~조아~~ 좋아하는 걸 연구하는 모임이지.
내 몸이 좋아하는 것과 내가 좋아하는 건 다를 수 있어.
나는 과일을 좋아하는데, 내 몸도 과일을 좋아해. 과일은 몸에 좋으니까.
손이 더러울 때 나는 귀찮아서 옷에 슥슥 닦아. 하지만 내 몸은
비누로 싹싹 씻기를 바라지. 안 씻었다가 감기를 옮겨 올 수도 있거든.
사실 몸에 좋은 게 나한테도 좋은 거야. 몸이 곧 나잖아.

아빠
엄마

세수 안 했는데 표 안 나지?

철이
단원. 영이 동생. 2학년.
씻기를 싫어한다.

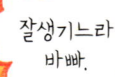
나만 믿어 보라고!

영이
내몸조연구단 단장.
3학년. 아는 것도 많고
먹고 싶은 것도 많다.

잘생기느라 바빠.

금동이
단원. 잘생겼다. 늠름하다. 일곱 살.
사람 나이로 치면 아저씨다.

우리는 지금 한창 자라는 중이야.
아기보다 키도 크고 힘도 세지만, 어른보다 작고 약하지. 부지런히 자라야 해서
우리 몸은 아주아주 바쁘대. 바쁜 몸을 위해서 우리가 무얼 할 수 있을까?

아주 많아!

음식을 제대로 먹는 것, 똥을 잘 누는 것,
잠을 잘 자는 것도 다 몸을 위하는 거야.
그 중 하나가 씻는 거야.

물론 싫어하는 어린이도 많겠지.
그러니까 우리 내몸조연구단을
믿어 봐. 몸이 좋아하는 걸
즐겁게 하는 법을 연구할 거거든.
기대해 보라고!

우리 몸을 살펴보자 2
내 몸이 곧 나야! 4

씻기의 기본, 손씻기 8
발아, 오늘 하루 애썼어 10

얼굴 찌푸리지 말자 12
제대로 세수하자 14
눈은 본다 18
코는 맡는다 22
귀는 듣는다 24

이는 씹는다 26
지겨워도 닦자 28

머리카락 멋쟁이 30
우리 몸의 털 32
머리를 감자 34

목욕하자 36
목욕 시작! 38

먹으면 눈다 40
밥을 잘 먹자 42
똥을 잘 누자 44

우리 몸의 기둥 46
바르게 서자 48
바르게 걷자 50
바르게 앉자 52

운동을 잘하려면 54
신나게 달리자 56

잘 자, 내 꿈꿔 58

90년 동안 이롭자 60

손 씻는 방법은 이미 많이 배웠지?
철이가 배운 대로 한번 씻어 보자.

1단계 손바닥끼리 마주 대고 문지르기 → **2단계** 손깍지 끼고 문지르기 → **3단계** 손등과 손바닥을 대고 문지르기

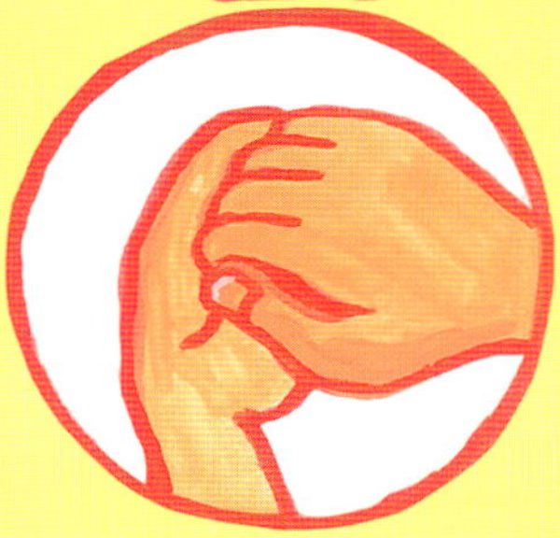

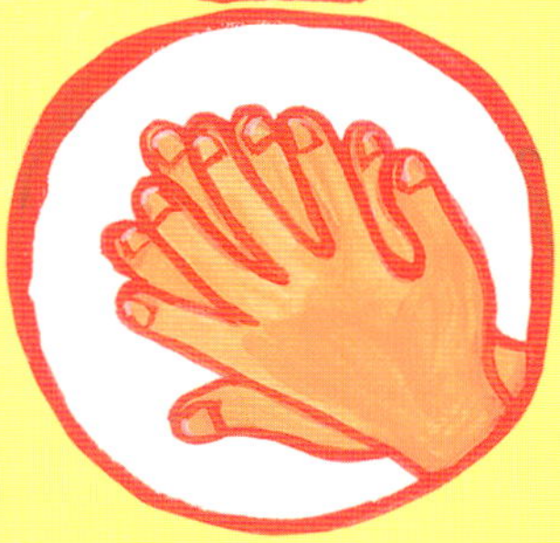

4단계 엄지손가락을 잡고 빙글빙글 돌려 씻기 → **5단계** 손바닥을 대고 손깍지를 끼며 문지르기 → **6단계** 손끝을 반대편 손바닥에 문지르기 → **7단계** 손목을 잡고 빙빙 돌리며 씻기

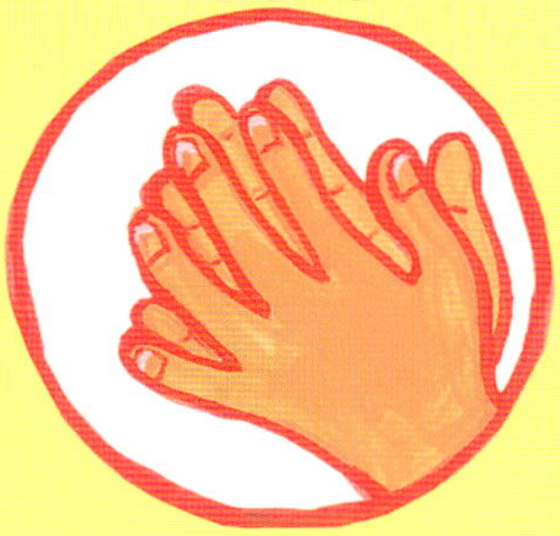

꼭 이렇게 닦지 않아도 돼. 중요한 건 구석구석 닦아야 한다는 거야.
특히 손가락 사이나 손톱 밑은 빼먹기 쉬우니까 신경 쓰자.

손 씻기 전에 해야 할 것!

☆ 옷소매 잘 접어 올리기!

☆ 깨끗한 수건 준비하기!
  옷에다 문질러 닦는 철이 너! 그럴 거면 왜 씻었니? 옷에도 먼지나 병균이 묻어 있다고!

꼭 씻어야 할 때를 알려 주마

☆ 바깥에서 집으로 들어왔을 때!
  밖에서 더러운 게 묻었을 테니까.

☆ 음식을 먹기 전이나 준비할 때!
  입으로 들어가는 거니까 깨끗하게.

☆ 오줌이나 똥을 눴을 때!
  똥에는 병균이 많아. 화장지를 뚫고 손에 붙는다고.

발아, 오늘 하루 애썼어

동물들은 발이 네 개인데, 사람은 두 개야.
발 두 개에 몸을 얹고 다니니, 얼마나 무겁겠어.
게다가 신발과 양말에 갇혀 있으니, 발이 답답하고 땀도 나겠지.
땀이 나고 공기가 안 통하면 발 냄새가 날 수도 있어.
피부병에 걸릴 수도 있지.
그러니 겨울에는 따뜻한 물에, 여름에는 시원한 물에 발을 담그자!
조물조물 주물러 주고, 깨끗이 씻어 주자!

발 씻는 방법

준비물: 비누, 세숫대야, 의자, 발수건

1. 발을 물에 충분히 적셔. 손으로 주물주물하면 더 좋아.
2. 비누 거품을 내서 발등과 발바닥을 문질문질. 발가락 사이에 손가락을 넣어서 문질문질. 발톱도 꼼꼼히 문질문질.
3. 깨끗한 물에 헹구기. 미끈미끈 비눗물이 남지 않게.
4. 깨끗한 발수건으로 물기 닦기. 발가락 사이사이까지 닦기.

얼굴 찌푸리지 말자

얼굴에는 이마, 두 눈썹, 두 눈, 코, 입이 있어.
사람마다 크기나 위치가 달라. 생김새가 다른 거야.
자기 얼굴을 자세히 들여다봐. 어때, 얼굴이 마음에 들어?
혼자 있을 때 거울 보면 조금 예뻐 보이지 않아?
괜히 거울 보면서 윙크도 해 보고 웃어 보기도 하잖아.

표정 놀이를 해 보자

깜짝 놀란 것처럼
눈을 동그랗게 떠 보자.

눈을 가늘게 뜨고 째려보기!

코끝을 손가락으로 들어 올리면
우스운 표정이 되지.

잇몸이 드러나도록 활짝 웃어 봐.

이마에 주름을 만들면서
찡그려 봐.

한쪽 눈을 찡긋 윙크해 봐.

눈을 부릅뜨고 노려봐.

눈이 안 보이도록 빙긋 웃어 봐.

멋진 표정을 지어 봐.

생김새는 타고난 거야.
하지만 표정은 내 마음대로 할 수 있어.
거울 보고 여러 표정을 지어 봐.
그리고 마음에 드는 표정을 연습하는 거야.
어떤 표정일 때 기분이 좋니?

제대로 세수하자

얼굴이 가장 예뻐 보일 때가 언제인 줄 알아? 방금 씻고 나왔을 때야.
그런데 달랑 얼굴만 씻는 것도 세수라고 할 수 있을까?
귀랑 목까지 씻어야 제대로 한 거야. 이제부터 세수를 제대로 하는 게
무엇인지 아주 자세히 알려 줄게. 너무 자세해서 지루할지도 몰라.
딱 한 번만 따라해 봐. 그러면 죽을 때까지 안 잊어버릴걸?

난 얼굴만 씻어도 돼.
고양이 세수라는
말도 있잖아.

세수하기 전에 준비!

1 소매 걷기. 팔꿈치 위까지! 물이 흘러도 옷이 안 젖어.

2 목깃을 안쪽으로 접어 넣고, 윗옷은 바지 속에 단단히 넣어. 안 그러면 목둘레가 젖어. 아예 옷을 벗는 것도 괜찮아.

3 긴 머리는 묶거나 머리띠를 해.

4 세면대가 너무 높으면 발판을 준비해. 아니면 세숫대야를 써.

5 물 온도는 미지근하게!

미지근한 건 따뜻하지도 차갑지도 않은 거야.

이제 세수 시작!

1 먼저 손을 깨끗이 씻고, **미지근한 물로** 얼굴을 여러 번 씻어.

허리를 숙여. 꼿꼿이 서 있으면 옷이 다 젖어.

2 손에 **비누 거품**을 낸 다음, 얼굴에 대고 위로 아래로 슥슥 부드럽게 문질러.

이마랑 볼은 손가락으로 동그라미를 왼쪽 오른쪽으로 그리면서 살살 닦아.

살살! 박박 닦으면 피부가 상해. 때수건으로 문지르면 안 돼! 아파!

눈은 꼭 감아! 눈에 비누 거품 들어가면 맵다.

눈두덩에 살살 동그라미를 그려.

귀 뒤쪽이랑 귓불도 손가락으로 문질러 닦아. 귓바퀴에는 비누칠하지 말고.

비눗물 헹구려다가 귀에 물이 들어갈지도 몰라.

코 옆쪽도 손가락으로 위아래 문질문질, 턱은 손바닥으로 왼쪽 오른쪽 문질문질.

마지막으로 목도 오른손으로 싹싹싹, 왼손으로 싹싹싹.

3 깨끗이 헹구기! 아직 눈 뜨면 안 돼.

허리를 굽혀 몸을 숙인 다음 두 손에 물을 듬뿍 떠. 그리고 재빨리 얼굴에 어푸어푸 끼얹으면서 손으로 문질러. 물을 열 번은 끼얹어야 비눗기가 없어져.

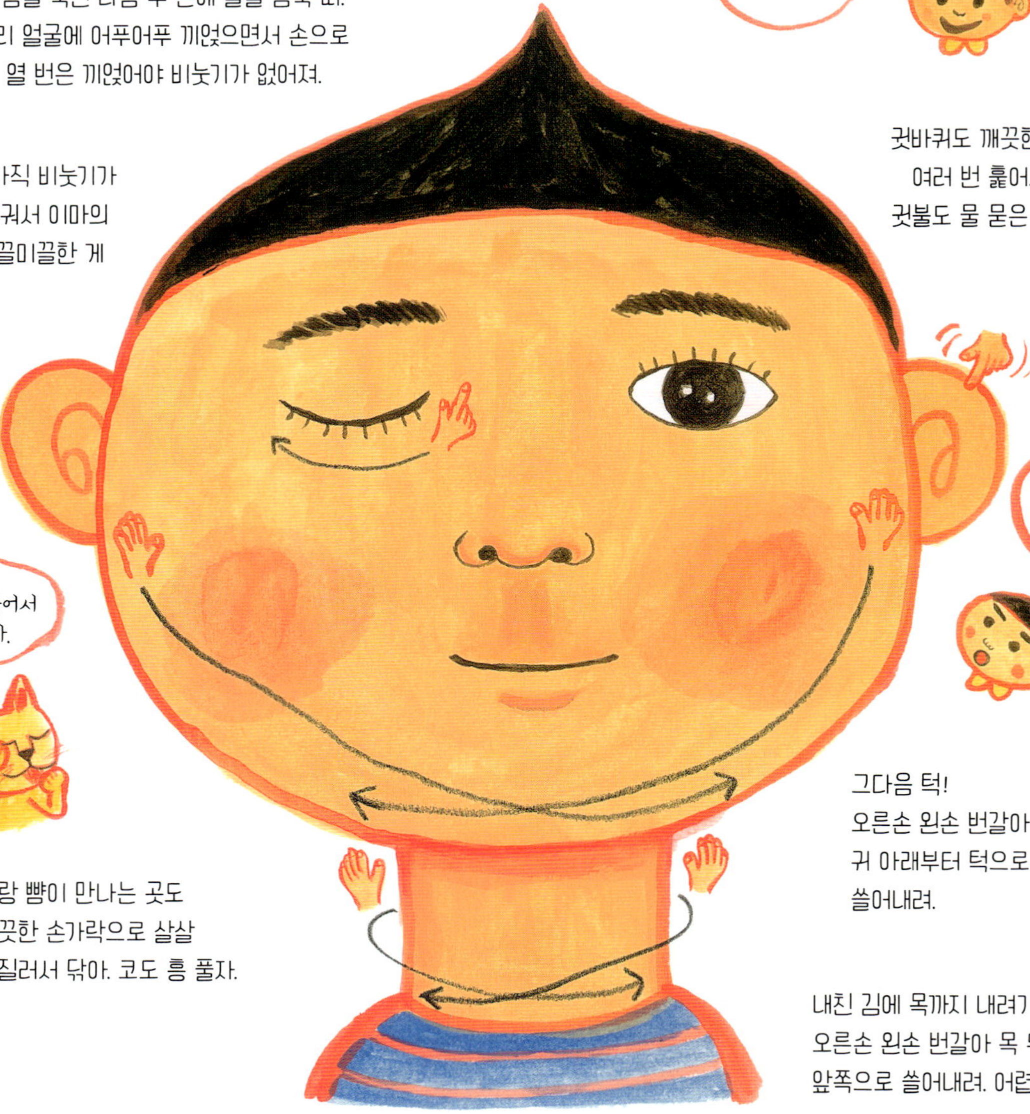

얼굴 가장자리에는 아직 비눗기가 남았어. 손을 물에 헹궈서 이마의 비눗기를 쓱 닦아. 미끌미끌한 게 없어질 때까지 반복.

눈곱도 떼야지. 눈을 꼭 감고 슥 문지르면 누런 눈곱도 나올 거야.

"눈곱이 물에 불어서 꼭 콧물 같아."

코랑 뺨이 만나는 곳도 깨끗한 손가락으로 살살 문질러서 닦아. 코도 흥 풀자.

"이제 눈 떠도 돼."

귓바퀴도 깨끗한 손가락으로 여러 번 훑어. 귀 뒤쪽이랑 귓불도 물 묻은 손으로 닦아.

"귓구멍에는 절대 손 넣지 말고! 물이 들어가면 안 되거든."

그다음 턱! 오른손 왼손 번갈아 귀 아래부터 턱으로 쓸어내려.

내친 김에 목까지 내려가자! 오른손 왼손 번갈아 목 뒤에서 앞쪽으로 쓸어내려. 어렵지 않지?

코 잘 푸는 법

콧구멍을 한쪽씩 번갈아 막고 풀어야 해.
오른쪽 콧구멍을 막고 왼쪽 콧구멍으로 흥!
왼쪽 콧구멍을 막고 오른쪽 콧구멍으로 흥!
양쪽을 동시에 풀면 콧물이 귀로 넘어갈 수도 있어.

"손으로 가리고 풀어야지."

왼쪽 오른쪽 왼쪽 오른쪽

마지막으로 깨끗한 물을 다시 받아서 한 번씩 더 헹궈!

헹구는 순서를 정하자

위부터 아래로 내려오는 거야.
물은 위에서 아래로 흐르잖아.
아래부터 헹구면 위에서 비눗물이 흘러내려서
다시 헹궈야 되지.

4 **아니아니, 아직도 끝이 아니야. 물기 닦기!**
깨끗한 수건으로 톡톡 눌러 가며 닦아.
얼굴을 수건으로 벅벅 문지르면 안 돼.
피부가 물에 불어서 약해져 있거든.

얼굴이 땅기면 어린이용 보습 크림을 발라!
원래 몸에는 기름기가 조금씩 있어야 하거든.
비누가 기름기를 싹 씻어 버려서 피부가 땅기는 거야.
입술이 텄으면 입술에도 듬뿍 발라. 입술은 살갗이
얇아서 잘 터.

화장품 써도 될까?

어른들은 우리더러 화장하지 않아도 예쁜 나이라고 해.
하지만 친구들 중에는 화장을 하는 아이들도 제법 있어.
나도 친구 따라서 화장을 해 본 적이 있어. 친구들은
내 얼굴이 살짝 까무잡잡하고, 입술 색도 흐리다며,
화장을 하면 더 예쁠 거라고 했어. 그래서 친구
화장품으로 얼굴은 뽀얗게, 입술은 분홍색으로 화장했어.
어색하긴 했지만 왠지 예쁜 것도 같았어.
그런데 시간이 지나니까 점점 불편해졌어. 얼굴에
땀이 나면 화장이 지워질까 봐 마음껏 뛰지
못하겠더라고. 입술에 칠한 화장품이 번질까 봐 물도
편히 못 마셨는걸. 나는 화장하고 가만히 앉아 있는
것보다 땀 흘리면서 뛰어노는 게 더 좋은 것 같아.
내 얼굴에 좀 미안하기도 했어. 까무잡잡한 게
나쁜 건 아니잖아. 하얀 피부는 예쁘고, 어두운 피부는
예쁘지 않다고 누가 정한 거지?
그리고 꼭 예뻐야 하는 걸까? 예쁘지 않으면 안 되나?
있는 그대로의 내 얼굴도 꽤 마음에 든다고!
나는 깨끗이 씻고 건조하지 않게 보습 크림을 바른
내 얼굴에 만족할래.

눈은 본다

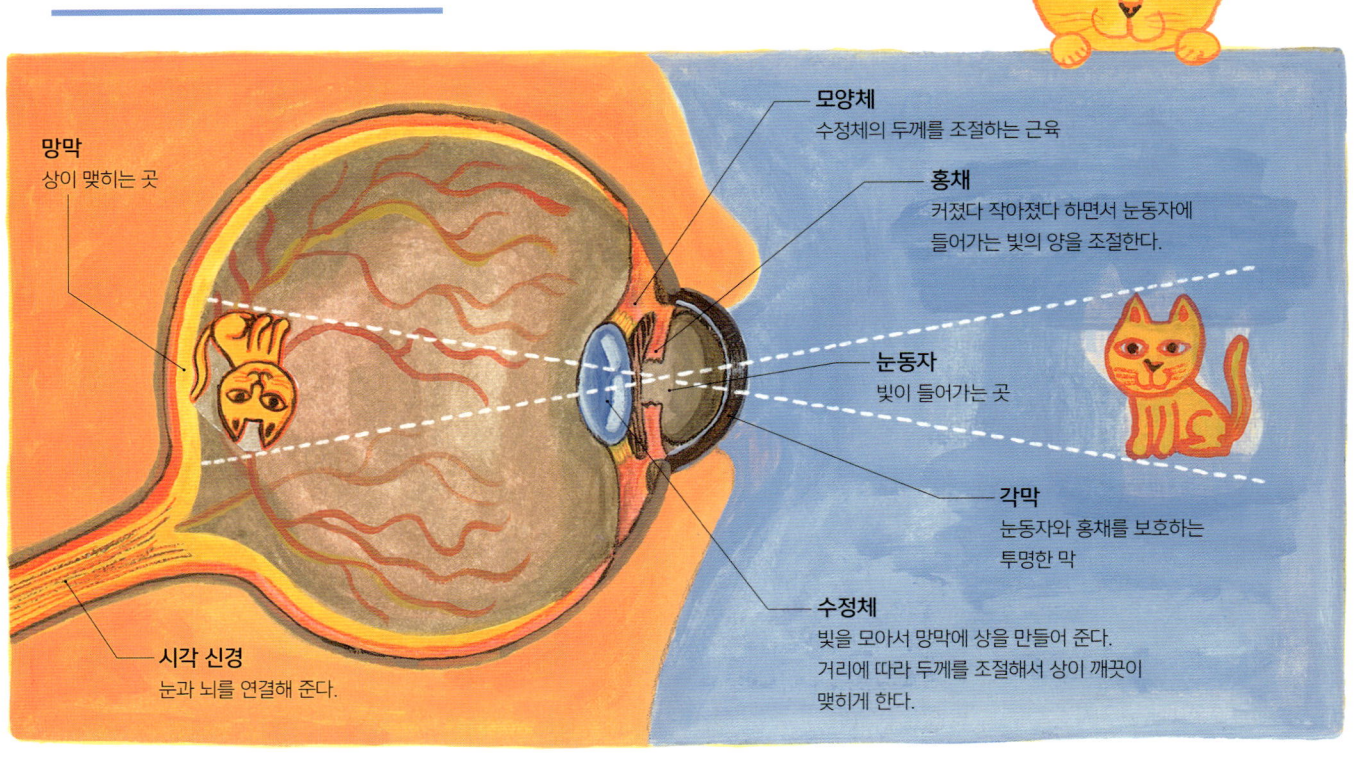

망막 상이 맺히는 곳

모양체 수정체의 두께를 조절하는 근육

홍채 커졌다 작아졌다 하면서 눈동자에 들어가는 빛의 양을 조절한다.

눈동자 빛이 들어가는 곳

각막 눈동자와 홍채를 보호하는 투명한 막

수정체 빛을 모아서 망막에 상을 만들어 준다. 거리에 따라 두께를 조절해서 상이 깨끗이 맺히게 한다.

시각 신경 눈과 뇌를 연결해 준다.

몽골의 초원에 사는 사람들은 도시 사람들보다 시력이 훨씬 좋대.
눈앞을 가로막는 빌딩도 없고, 공기도 깨끗해서 늘 멀리 보기 때문이래.
눈이 환경에 따라 좋을 수도 있고, 덜 좋을 수도 있다는 거지.
그래서 어른들이 우리한테 툭하면 잔소리를 하나 봐.
"그렇게 하면 눈 나빠져!"
어떻게 하면 눈이 안 나빠지는지 확실하게 알아보자.

눈을 보호하는 사총사

눈꺼풀: 이물질이 들어오면 눈을 재빨리 닫아.
눈썹: 땀이나 빗물이 눈으로 들어가지 못하게 막아.
속눈썹: 먼지가 눈에 들어가려는 걸 빨리 알아채고 재빨리 눈꺼풀을 닫게 해.
눈물: 눈에 들어온 균을 죽이고 먼지도 씻어 내.

앗, 눈꺼풀 너 일 제대로 안 할래?

출동하라, 눈물!

눈을 위해 할 수 있는 것은?

첫째, 눈을 손으로 만지지 말 것!

손에는 병균이 많잖아. 병균이 눈으로 들어가면 눈병이 생길 수도 있어.

역시 더러운 손이 문제인가.

몇 년 전에 손씻기 열풍이 불었어. 그때 병원 응급실에 눈병 환자가 확 줄었지.

그래그래,
손으로 만질 일이 있다는 거 알아.
손 대신 쓸 수 있는 게 있어.

손 대신 쓸 수 있는 것들

1 손수건이나 화장지

2 인공 눈물
눈물이랑 비슷하게 만든 물이야.
약국에서 팔아. 일회용이 좋아.
뚜껑 열면 하루 안에 다 써야
병균 감염이 안 되거든.

3 눈 찜질 팩

4 숟가락

나는 왜?

눈에 손대고 싶을 때는 이렇게!

눈곱 뗄 때!

깨끗한 손수건을 쓰면 돼. 눈곱이 바싹 말라 있을 때는 손수건이나 화장지를 물에 좀 적셔서 떼어 내.

눈곱이란 뭘까?

눈곱은 눈물＋먼지＋병균＋기름＋떨어진 결막 들이 섞인 거야. 더러운 것들이 모여 눈곱이 되어 눈 밖으로 나오는 거야. 눈곱이 너무 심하게 끼면 병원에 가 봐야 해. 눈병이 났을지도 몰라.

- '너무 심하게'가 얼마큼이야?
- 아침에 눈을 뜨지 못할 정도로 많이 끼는데, 오늘만 그런 게 아니라 며칠 계속 그러는 거.

눈이 간질간질할 때!

이럴 때 비비면 각막에 상처가 날 수 있어. 가만히 눈을 감고 있어 봐. 조금 있으면 눈물이 나올 거야. 안 나와? 그러면 인공 눈물로 눈을 씻어 봐.
눈 찜질 팩을 냉동실에 넣었다가 찜질을 해도 시원해. 아니면 숟가락을 냉동실에 10분 넣었다가 눈에 대도 돼.

10분 넘게 눈에 계속 대고 있으면 안 돼. 너무 차가워서 동상 걸린다.

눈썹이 눈에 들어갔을 때!

눈썹은 눈에 들어가도 저절로 나와. 하지만 눈이 아프면 빨리 빼야지. 먼저 눈을 감아서 눈물이 나올 때까지 기다려 봐. 안 되면 인공 눈물로 씻어 내. 비비거나 손으로 빼면 안 돼.

자꾸 눈물이 날 때!

슬프지도 않은데 눈이 시고 눈물이 날 때가 있어. 눈이 건조해서 그럴 수 있어. 건조할 때 눈알을 굴리면 미세한 상처가 나. 이때 눈물이 눈을 보호하려고 나오는 거야. 이럴 때는 찜질 팩을 데워서 따뜻한 찜질을 해 봐. 손수건으로 눈물부터 닦고.

- 인공 눈물 넣는 거 어려워. 눈을 미리 감게 돼.
- 혼자 하면 어려우니까 서로 해 주자.
- 고개를 뒤로 젖히고 아래 눈꺼풀을 밑으로 살짝 당긴 뒤 거기다 인공 눈물을 떨어뜨려.

둘째, 눈을 피곤하게 하지 말라고!

눈에도 근육이 있어. 눈알 돌리는 것도 근육이 하는 일이고, 눈의 초점을 맞추는 것도 근육이 하는 일이야. 가까운 것만 오래 보거나 어두운 데서 계속 눈을 쓰면 눈 근육이 피곤해. 텔레비전이나 컴퓨터, 스마트폰 화면처럼 너무 밝은 걸 오래 봐도 마찬가지야. 그러다가 눈이 나빠질 수도 있어.

눈에 좋은 생활 습관

책을 볼 때 똑바로 앉아서 30~40cm 거리에 두고 보기.

책 40분 읽고 10분 쉬기.

어두운 데서 책 읽지 말기.

너무 작은 글씨나 흐린 글씨를 오래 보지 말기.

티비를 가까이에서 보지 말기.

깜깜한 데서 스마트폰 오래 보지 말기.

햇빛 아래서 뛰어노는 건 눈에 좋아. 하지만 해를 맨눈으로 쳐다보면 큰일 나! 눈이 멀 수도 있어.

눈이 예쁜 고양이가 알려 주는 눈 체조법

1. 눈을 감고 검지와 중지로 눈 둘레 뼈를 천천히 꾹꾹 눌러. 세 바퀴 돌기.

2. 두 손바닥을 열 번쯤 마주 비빈 다음, 따뜻해진 손바닥을 두 눈에 지그시 대기. 다섯 번 반복.

3. 가운뎃손가락으로 눈 안쪽과 꼬리를 꾹꾹 누르고 눈 옆 관자놀이도 꾹꾹 힘주어 눌러.

4. 팔을 쭉 뻗고 검지를 세운 다음, 눈은 검지 손톱을 바라봐. 그리고 팔을 천천히 위아래, 좌우, 동그랗게 세 번씩 움직이기.

코는 맡는다

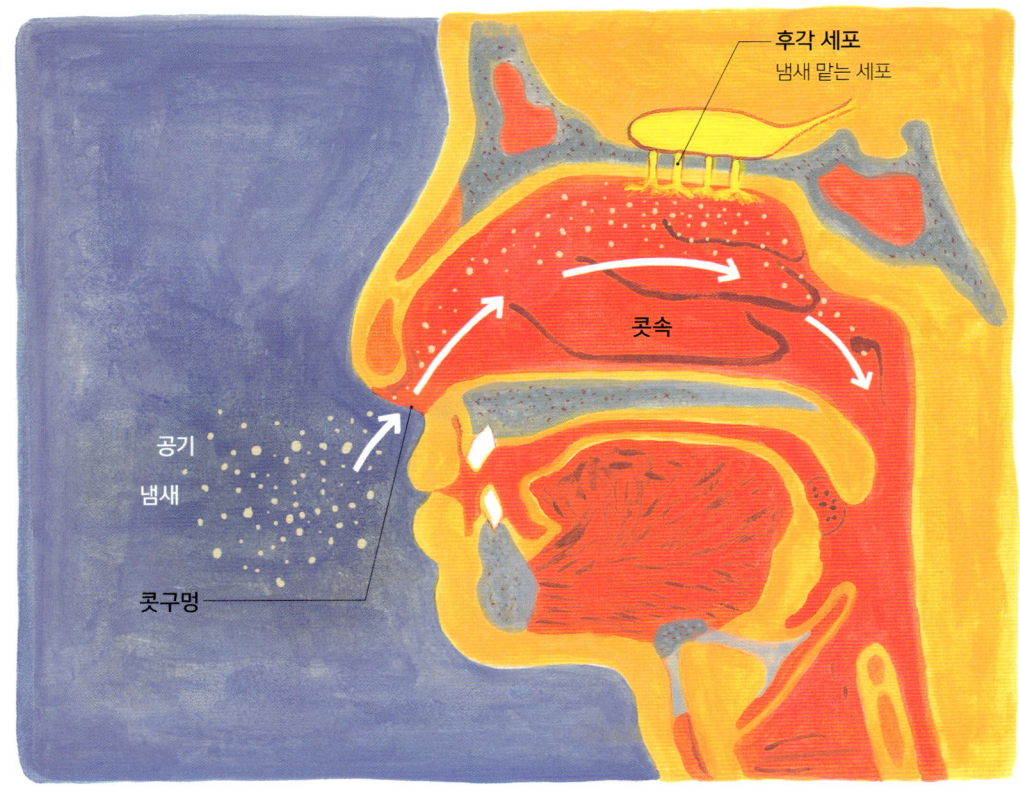

공기가 콧구멍을 지나 콧속으로 들어가면 코털이랑 점막의 섬모들이 공기에 섞인 먼지를 없애.

냄새는 콧구멍으로 들어가서 후각 세포를 건드리고, 후각 세포의 신경이 냄새를 뇌로 전달해.

코는 공기를 들이쉬고, 냄새를 맡아.
우리 몸에서 아주 중요한 일을 하는 거야.
그런데 코에서 가장 신경 쓰이는 게 뭘까?
코딱지를 파냈는데 버릴 데가 없어서 입에 넣었던 적 있는 사람?
그 찝찌름한 맛을 어떻게 잊어.
엄마한테 들켜서 야단맞은 건 더 못 잊지.

콧물과 코딱지

콧물은 코에 들어온 먼지나 균을 없애고, 코를 촉촉하게 해 줘. 코딱지는 콧물과 먼지가 섞여 말라붙은 거야. 코딱지는 눈곱, 콧물은 눈물이랑 비슷한 거야.
보통 때 콧물은 투명한 물 같아서 콧속에서 목으로 흘러. 그런데 날씨가 추울 때, 뜨겁거나 매운 걸 먹을 때, 콧속에 염증이 있을 때, 감기에 걸렸을 때, 먼지나 꽃가루가 코에 들어갔을 때는 콧물이 콧구멍으로 아주 많이 나오게 돼. 감기에 걸렸을 때 나오는 코는 누렇고 끈적끈적해.

끈적이는 누런 코나 코딱지를 잘 푸는 방법

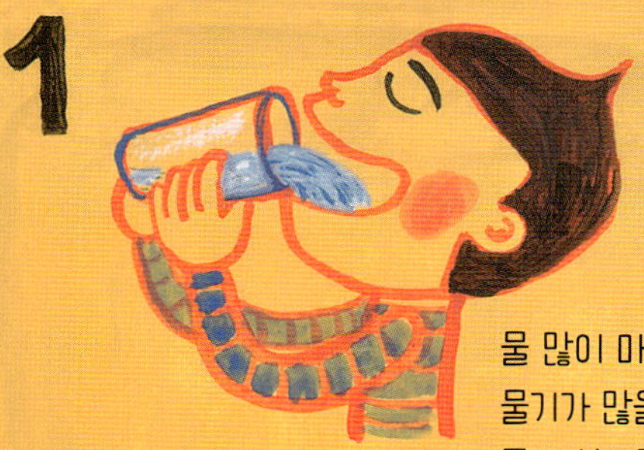

1 물 많이 마시기. 물기가 많을수록 풀기 쉽거든.

2 김이 모락모락 올라오는 차를 준비해. 너무 뜨거우면 델 수도 있어. 5분쯤 식혔다가 김을 코로 들이마셔. 더 식으면 차를 마시면서 코로 김을 마셔 봐.

3 콧속 씻는 법을 알려 줄게. 생리 식염수와 코 세척용 주사기를 준비해서 생리 식염수를 주사기에 넣어. 세면대 앞에 서서 고개를 비스듬히 숙여. 입을 벌려서 숨을 뱉으면서 주사기로 코에 식염수를 천천히 넣어. 그러면 반대쪽 콧구멍으로 코를 씻은 물이 나와.

50ml

손가락으로 코를 후비면 안 된대.

걱정 마. 내 손가락은 안 들어가.

앗, 코피 났다! 피를 보면 울고 싶겠지만, 조금만 참아 봐. 곧 멈추게 할 수 있어.
고개를 뒤로 젖히면 안 돼. 그러면 피가 목구멍으로 넘어갈 수도 있다고.

1 솜을 새끼손가락만 하게 말아서 콧구멍에 끼워.

2 고개를 숙이고 손가락으로 콧방울을 10분 동안 눌러.

3 찬 물수건으로 코와 뺨을 닦으면 좋아. 코를 풀거나 들이마시거나 기침을 하면 절대 안 돼.

4 코피가 안 멈추면 어른들한테 말해서 이비인후과로 가 보자.

귀는 듣는다

귀는 좀 복잡하게 생겼어. 속은 더 복잡해. 하는 일이 많아서 그래.
귀는 소리를 듣기만 하는 게 아니라, 몸의 균형을 잡기도 하거든.
이건 좀 어려우니까 나중에 배우고, 지금은 소리를 어떻게 듣는지만 이야기할게.

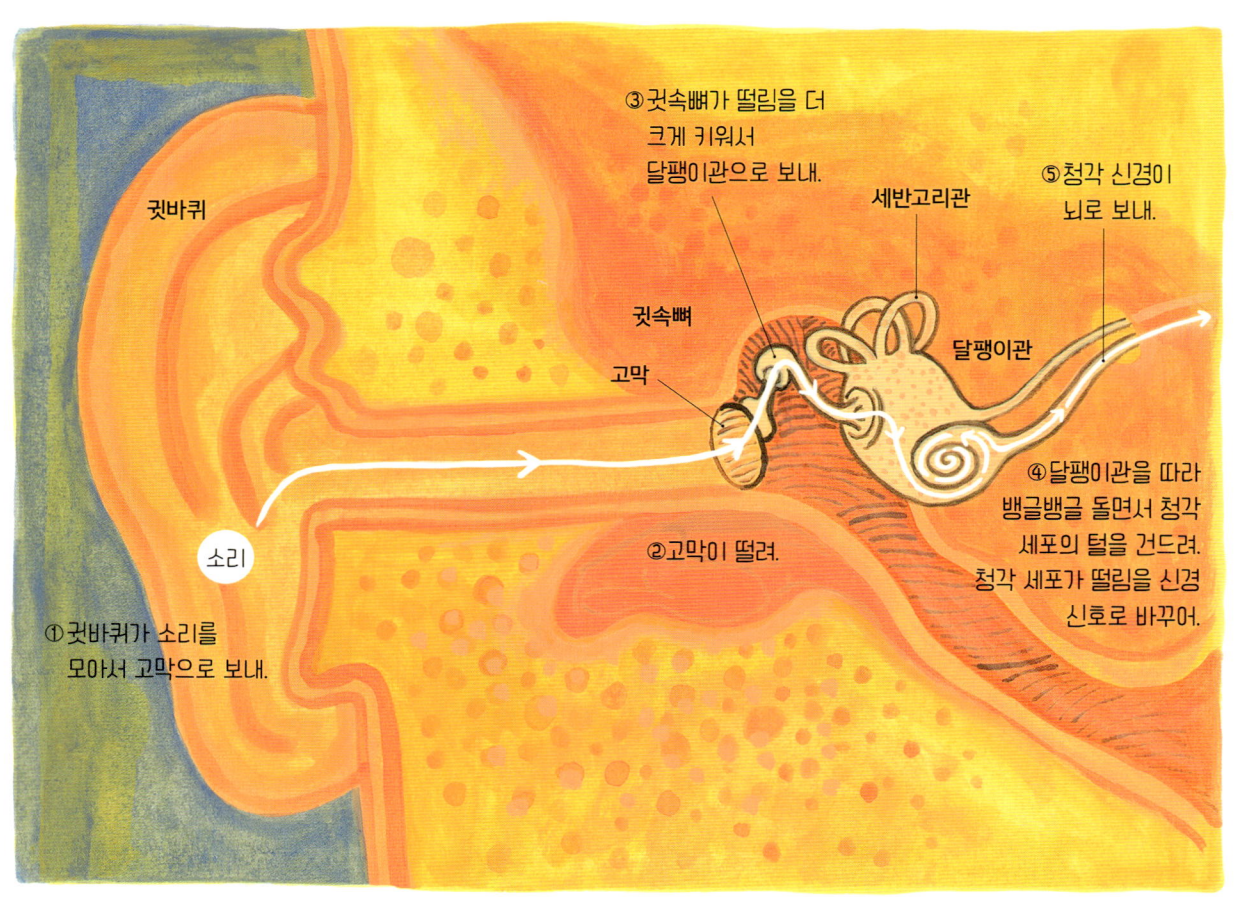

우리가 귀를 위해 할 수 있는 것

아무것도 하지 않는 거야. 귀에 물이 들어가게 하지도 말고, 귀를 후벼서 귀지를 꺼내지도 말고. 귀를 안 건드리는 게 가장 좋다는 거지!

수영하거나 머리 감다가 물 들어가면 어떡해?

수영할 때 귀에 들어간 물은 저절로 나와. 가끔 물이 안 빠져서 귀가 먹먹할 때가 있어. 그럴 때는 물 들어간 귀를 아래로 기울여서 콩콩 뛰거나 귓바퀴를 잡아당기면 물이 빠져. 면봉이나 화장지를 쑤셔 넣는 게 가장 나빠. 귓속이 다칠 수 있어.

귀를 건강하게!

- 너무 큰 소리는 귀를 다치게 해. 이어폰 끼고 소리 크게 하지 말자.
- 귀는 마른 상태로 있어야 세균이 자라지 못해.
- 물놀이 뒤에는 선풍기나 드라이어로 귀에 남은 물기를 잘 말려.

귀가 계속 먹먹할 때는 이비인후과에 가는 게 가장 좋아.

귀지가 꽉 차서 귀가 간지러울 땐 어떡해?

귀지는 고막을 보호해. 먼지가 귀에 들어갔을 때 귀지가 붙잡아 두지. 대부분 귀지는 일부러 꺼내지 않아도 저절로 밀려 나와. 면봉이나 귀이개를 넣으면 오히려 귀지가 더 안으로 들어가서 쌓여. 귀지가 너무 많아서 덜그럭거리거나 귀가 잘 안 들릴 때는 병원으로 가.

그래도 귀는 후벼야 시원한데.

너 그러다 귓병 나서 동물병원 다녔잖아.

눈과 코와 귀는 안에서 이어져 있어

엉엉 울 때 콧물도 막 나오잖아. 그거 콧물이 아니라 눈물이 넘쳐서 코로 나오는 거야. 코를 세게 풀었을 때 귀가 아팠던 적 있어? 그게 서로 연결돼서 그런 거라고.

귀지, 콧물, 코딱지, 눈곱은 더러운 걸까?

아니, 사실은 청소부 노릇을 해. 더러운 것이 우리 몸속 깊숙이 들어가지 못하게 하지. 그런데 이게 몸 밖으로 나오면 더러운 것이 돼. 내 몸에서 나온 건 내가 깨끗하게 처리하는 게 좋아. 화장지로 잘 싸서 휴지통에 넣어.

이는 씹는다

이는 한 살 무렵 나기 시작해. 아래 앞니가 가장 빨리 나.
세 살쯤이면 어금니까지 다 나. 이렇게 아기 때 나는 이를 젖니라고 해.
일곱 살쯤 되면 젖니가 빠지기 시작해. 더 큰 이가 나려는 거야.
맨 처음 난 앞니부터 시작해서 첫 번째 어금니, 송곳니, 두 번째 어금니 순서로 빠져.
새로 나는 이를 간니라고 해. 초등학교를 마칠 때가 되어야 이갈이도 끝나지.

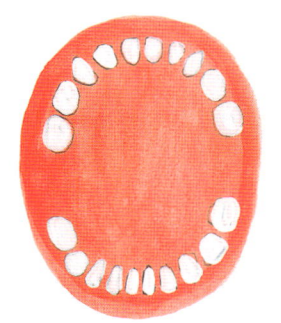 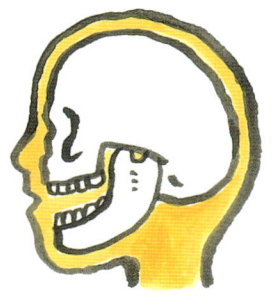 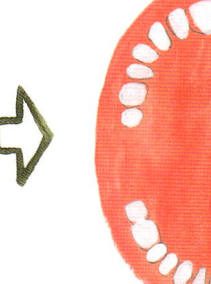 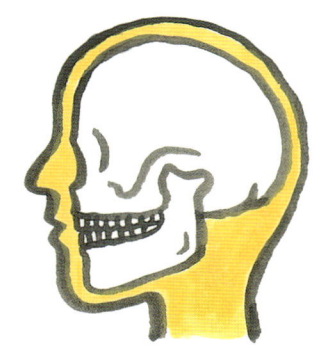

젖니 20개 　　　　　　　　　　간니 28개

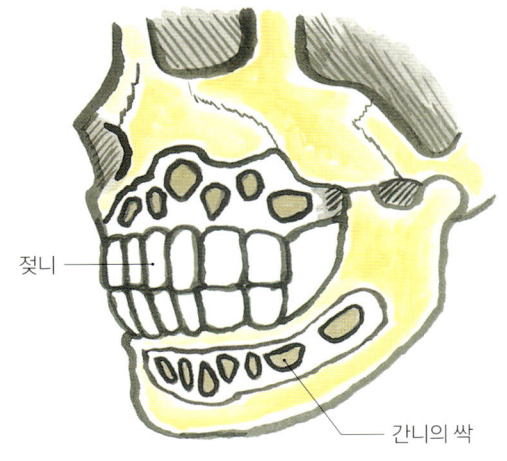

젖니

간니의 싹

젖니가 어차피 빠질 거라고 썩게 두면 안 돼. 젖니는 새로 날 이의 길잡이이기도 하거든. 턱뼈 속에 간니의 싹이 있어. 젖니가 먼저 자리 잡고 간니를 기다리고 있는 거야. 젖니가 썩어서 일찍 빠지면 옆자리 이가 슬금슬금 빈 곳으로 와. 그러면 간니가 날 자리가 점점 좁아져. 간니는 젖니보다 더 큰데 자리는 더 좁아. 그럼 어떻게 되겠니? 옆으로 삐져나오겠지.

간니는 한번 빠지면 다시 나지 않아. 평생 써야 한다고. 썩지 않게 잘 관리를 해야겠지.

그래서 어른들이 이 닦으라고 잔소리를 하는 거야.

이가 맡은 일

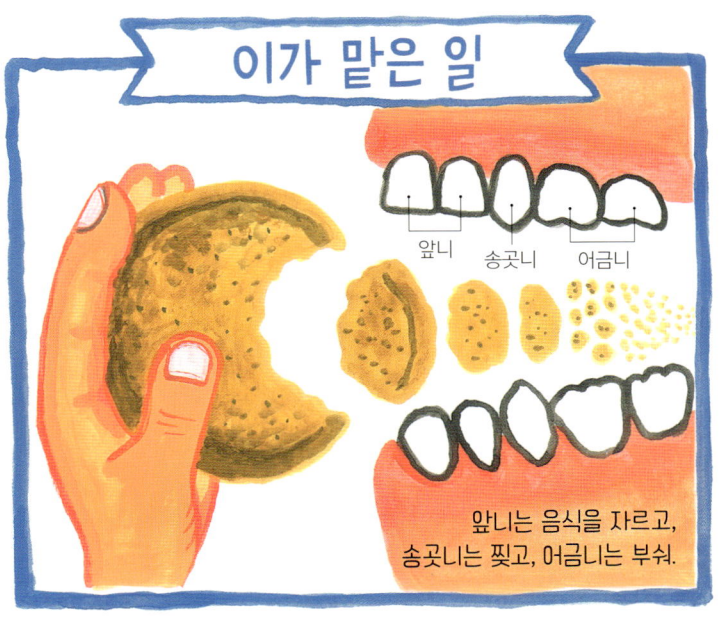

앞니　송곳니　어금니

앞니는 음식을 자르고, 송곳니는 찢고, 어금니는 부숴.

지겨워도 닦자

어릴 때 그림책에서 본 적 있지? 머리에 뿔 달리고 창을 든 충치균 그림 말이야. 그거 유치하지만 아주 헛소리는 아니다. 진짜로 입속 세균이 음식 찌꺼기를 만나서 이를 썩게 하거든. 어린이들은 이가 약해서 충치가 아주 빨리 번져. 그러니 지겨워도 닦자. 이가 썩어서 치료하는 게 더 아프고 괴롭다.

참고 닦다 보면 좋은 날도 오겠지.

칫솔 고르기

칫솔 머리가 작은 게 좋아. 너무 크면 칫솔이 골고루 안 닿아. 잇몸 상하지 않게 솔도 너무 빳빳하지 않은 게 좋아.

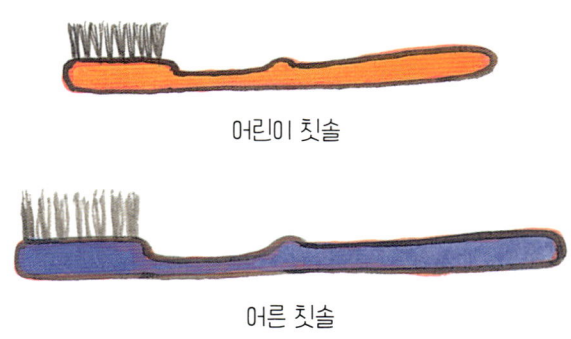

어린이 칫솔

어른 칫솔

칫솔질하는 방법

치약보다 칫솔보다 더 중요한 게 칫솔질이야. 윗니는 칫솔을 위에서 아래로 쓸어내리고, 아랫니는 아래에서 위로 쓸어 올리는 방법이야.

 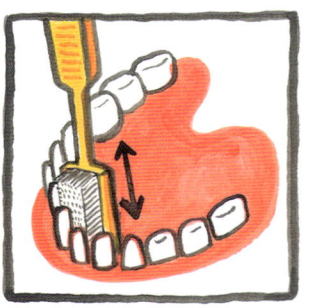

잇몸에 칫솔을 비스듬히 대고 위로 쓸어 올려.

앞니 안쪽은 칫솔을 세워서 위아래로 닦아.

치약 짜기

치약이 칫솔모 사이로 들어가게 꾹 눌러 짜. 그래야 치약이 골고루 이에 닿지. 치약의 양은 칫솔 머리 길이의 반이 적당해.

어금니 씹는 면은 앞뒤로 쓱싹 문질러 닦아.

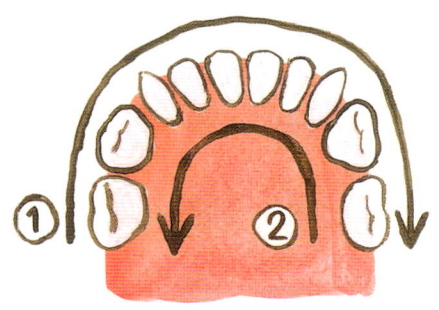

이 닦는 순서

칫솔을 오른손으로 쥐고 왼쪽 어금니 겉부터 시작해. 칫솔모가 이보다 크니까, 칫솔질 한 번에 이 두 개를 닦을 수 있지. 그렇게 두 개씩 열 번 닦고 옆으로 옮겨서 또 두 개씩 닦는 거야. ④번까지 다 닦았으면, 어금니 씹는 면을 쓱쓱 닦아.

 왼손잡이 어린이들은 칫솔을 왼손에 쥐니까, 오른쪽 어금니 겉부터 시작하면 돼.

혀와 입천장 닦기

혀를 닦아야 충치도 예방하고 입 냄새가 없어져. 혀를 쑥 내밀어서 안쪽부터 아래로 샥샥샥샥 쓸어내려. 입천장도 마찬가지. 안쪽에서 바깥쪽으로 닦아. 칫솔을 너무 깊숙이 넣으면 구역질 나. 친구들이 혀 닦을 때 장난치면 안 된다. 그러다 다친다.

혀와 침

혀는 단맛, 짠맛, 신맛, 쓴맛을 느껴. 그리고 음식을 목구멍으로 넘기고, 말할 때 발음을 제대로 하게 해 줘. 침은 입안의 세균을 없애. 침이 마르면 세균이 많아져서 감기 걸리기도 쉬워. 침에는 소화 효소가 있어서, 음식이 잘 소화되도록 도와.

헹구기

열 번 헹궈! 지겨워도 열 번! 치약 찌꺼기가 남아 있으면 오히려 세균이 더 늘어난다고!

칫솔 보관법

잘 마르도록 걸어 두면 좋아. 칫솔 머리가 서로 닿지 않게!

언제 닦을까?

밥을 먹고 나면 3분 안에 꼭 닦자. 초콜릿이나 아이스크림 같은 단것 먹고 꼭! 이에 잘 달라붙는 간식을 먹고 나서도 닦아. 잠자기 전에도 꼭 닦아.

머리카락 멋쟁이

> 머리카락에 관한 연구는 내가 맡았어. 내가 더 관심이 많거든.

어제 나는 미용실 갔다 와서 울었어.
머리를 잘랐는데 너무 마음에 안 들었어. 엄마랑 누나는 내가
너무 까다롭다고 흉보더라. 긴 머리가 마음에 안 들 때는 더 자르거나 묶으면 돼.
하지만 짧은 머리는 머리카락이 자랄 때까지 기다려야 한다고.
그래도 나는 짧은 머리가 좋아. 머리가 짧으면 손질하기가 편해.
머리가 길면 스타일을 다양하게 바꿀 수 있지.

우리 몸의 털

우리는 온몸이 털로 덮여 있어. 몸을 자세히 봐. 팔에도 다리에도 얼굴에도 털이 있어. 콧구멍이나 귓구멍에도 털이 있다.

온몸에 털이 난 데는 이유가 있어

몸의 온도를 조절해

몸이 추울 때는 털이 빳빳이 일어서. 그리고 털 사이에 따뜻한 공기를 가둬. 더울 때는 털이 누워서 공기를 보내.

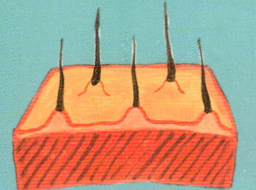
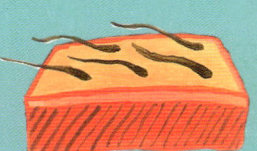

피부를 보호해

햇볕이 뜨겁게 내리쬐는 날, 머리털이 없으면 너무 뜨겁겠지. 머리털은 추위도 막아 줘. 공이 머리로 날아와도 머리털 덕분에 덜 아파. 코털이나 속눈썹, 귓속 털은 먼지나 물, 땀이 몸속으로 들어가는 걸 막아.

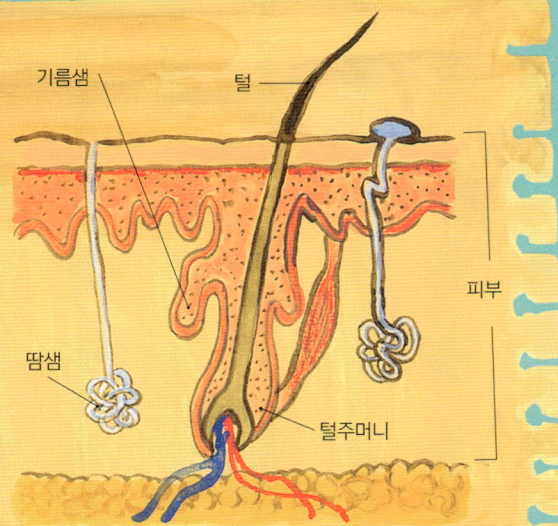

털은 죽은 세포로 이루어져 있어. 방금 죽은 세포가 아까 죽은 세포를 자꾸 위로 밀어 올려서 털이 자라는 거야. 털주머니 안에서 일어나는 일이야. 털은 죽은 세포라서 잘라도 아프지 않아. 뽑으면 아파. 털주머니는 살아 있기 때문이야. 털주머니 옆에는 기름샘이 있어. 거기서 기름이 나와서 털이 반들반들한 거야.

아하, 머리를 왜 감아야 하는지 알겠다.

그래, 기름이 나오니 가만두면 털이 떡 지겠지.

우리 몸의 털이 가장 많이 모여 있는 데가 머리야.
머리카락은 털 가운데 가장 길게 자라지.

머리카락은 얼마나 자라?
사람마다 다르지만, 머리카락은 한 달에 1센티미터쯤 자라. 2~6년쯤 자라다가 빠져. 눈썹이나 몸의 털은 머리카락보다 훨씬 더 금방 빠져. 그래서 길게 자라지 않는 거야.

머리카락 색깔은 왜 달라?
머리카락 안에는 멜라닌이라는 색소가 있어. 흑갈색 색소랑 황적색 색소야. 이 두 가지 색소가 섞여서 머리카락 색을 내. 늙으면 멜라닌 색소를 만들지 못해서 머리카락이 하얀색이야.

머리카락의 모양
털주머니 모양에 따라 털 모양이 달라. 털주머니가 동그라면 털도 곧게 뻗은 모양이야. 털주머니가 찌그러진 모양이면 곱슬 털이 돼. 또 털주머니가 크면 머리카락도 굵어!

털주머니 모양

곧은 털   곱슬 털

난 염색했어.

그런데 머리 안 감아서 냄새나고 뭉치면 멋이고 뭐고 아무 소용 없어.

머리를 감자

머리 감을 때 제일 싫은 건 눈코에 비눗물이 들어가는 거지. 너무 맵고 아파.
눈을 꼭 감고, 입을 살짝 벌려서 입으로 숨 쉬자. 더 중요한 건 물줄기가 얼굴로
내려오지 않게 하는 것. 샤워기 방향을 잘 조절하는 기술을 익히자.

머리를 잘 감는 방법

❶ 적시기 
따뜻한 물로 머리카락을 골고루 적셔.

❷ 샴푸 
샴푸를 손바닥에 따른 뒤 두 손을 비벼서 거품을 내. 거품 낸 손으로 머리 피부를 골고루 문질러. 손톱으로 긁지 말고 손가락 끝 살로 문질러야 해. 머리카락도 샥샥 비벼.

❸ 헹구기 
눈을 꼭 감고 고개를 푹 숙여. 머리에 물을 골고루 뿌리고 손으로는 머리카락을 들추어 가며 헹궈. 귀 뒤쪽을 헹굴 때는 귓바퀴를 접어서 귓구멍을 가리고 해.

❹ 마무리 
마지막으로 세숫대야에 물을 받아서 헹구면 완벽하지. 뒤통수나 귀 뒤쪽, 목에 비누 거품이 남아 있지 않은지 잘 만져 봐. 미끈거린다면 다시 헹궈야 해.

❺ 말리기 
머리 속까지 잘 말리는 게 중요해.

수건

깨끗한 수건으로 머리카락을 꾹꾹 눌러. 수건으로 물기를 빨아들이는 거야. 그런 다음 수건으로 머리를 5분쯤 감싸 두면 더 좋아. 머리카락에서 물이 뚝뚝 떨어지는 일이 없을 거야.

드라이어나 선풍기

머리 피부가 오래 젖어 있는 건 좋지 않아. 세균이 젖은 살갗을 좋아한대. 나쁜 균이 생겨서 머리카락도 잘 빠져. 한 손으로 머리카락을 들추고 다른 손으로 드라이어를 들어서 후딱 말려. 여름에는 선풍기 바람에 말려도 되지.

빗질하기

빗질은 머리카락을 가지런하게 해. 머리카락에 붙은 먼지나 때도 없애지.

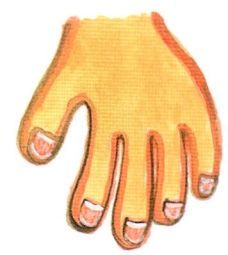
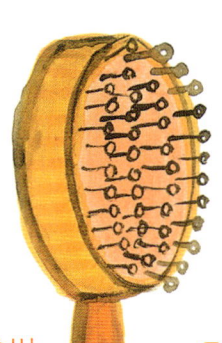

참빗
옛날 할머니들이 쓰던 빗이야. 아주 촘촘해서 머리카락 때도 벗기고 이도 없앴대.

손가락빗
이건 자주 쓰지. 손으로 슥슥.

얼레빗
잘 엉키는 머리는 이렇게 듬성듬성한 빗으로. 도끼빗이라고도 해.

꼬리빗
빗살이 촘촘해서 머릿결을 가지런히 할 때 써. 꼬리처럼 생긴 손잡이는 가르마 타기 좋아.

솔빗
엉킨 머리카락을 풀기 좋아. 우리 아빠는 빗살로 머리를 톡톡 친다. 마사지하는 거래.

둥근 솔빗
머리카락을 둥글게 말 때 써.

빗질 잘하는 법

① 먼저 손가락빗으로 슥슥 엉킨 걸 풀어. ② 머리를 거꾸로 숙여서 솔빗으로 뒷목부터 정수리를 향해 빗어. ③ 그 다음 이마에서 정수리를 거쳐 뒤통수로 내려가며 빗어 봐. 날마다 한 번씩 머리를 빗으면 머리카락 건강에 좋아.

! 머리 건강을 위해 기억하자

① 머리 감을 때 너무 뜨거운 물은 안 돼!
② 머리 말릴 때 수건으로 막 비비지 말기.
③ 머리카락이 젖었을 때는 빗질하지 말기.
④ 밤에 젖은 머리로 잠자지 말기.
⑤ 파마와 염색을 같이 하지 말기. 2주쯤 간격을 두고 하는 게 좋아.

목욕하자

이제 몸통과 팔다리만 씻으면 머리부터 발끝까지 다 씻는 거야.

씻는 얘기 하면서 빼놓을 수 없는 게 있어. 바로 피부!

피부는 우리 몸을 감싸고 있는 맨 겉이야.

피부 덕분에 몸속이 드러나지 않고, 나쁜 것들이 몸속으로 들어가지 못해.

피부는 하는 일이 많아

온도나 습도, 바람처럼 눈에 보이지 않는 것들을 느낄 수 있지. 그래서 더울 때는 땀을 내서 몸을 식혀. 추울 때는 털을 세워서 열이 나가지 못하게 지켜. 몸속의 기름을 바깥으로 내보내는 일도 해.

때는 뭘까?

피부는 날마다 새로 만들어지고 차츰 늙어 가다가 결국 죽어. 피부 맨 위에 있는 게 바로 죽은 피부야. 그것이 쌓여 있다가 결국은 떨어져 나가. 그게 바로 때야.

목욕은 피부를 깨끗하고 건강하게 해 줘. 몸에서 나온 땀과 기름, 밖에서 묻은 먼지랑 세균을 없애지. 그렇다고 때를 싹 미는 건 오히려 좋지 않아. 딱딱한 겉 피부가 우리 몸을 보호하는걸. 자외선도 막아 주고, 몸에 수분이 날아가지 않도록 해 줘.

목욕하기 전에 이것만은 알자!

물 온도
몸의 온도와 비슷한 게 좋아. 차지도 따뜻하지도 않은 미지근한 물이 몸의 온도와 같은 물이야. 추울 때나 피곤할 때는 따뜻한 물도 좋아. 뜨거운 물은 피부를 마르게 해서 몸이 가려워.

목욕 시간
머리부터 발끝까지 다 씻는 데 15분을 넘지 말자. 피부가 오랫동안 젖어 있는 건 좋지 않아. 피부가 말라서 가려워져. 그리고 세균은 따뜻하고 축축한 걸 좋아하거든.

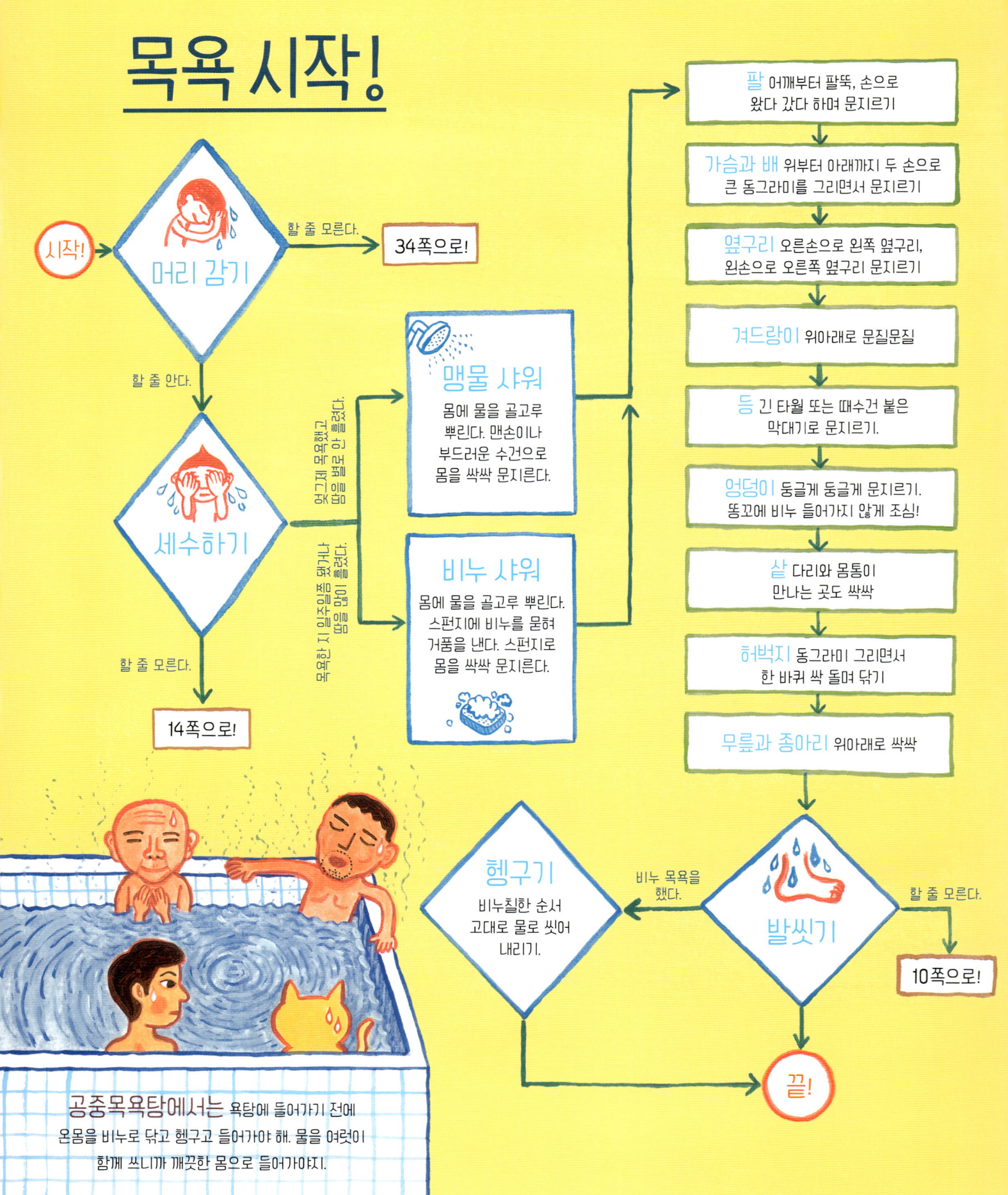

탕에는 왜 들어갈까?

때를 따뜻한 물에 불리기도 하고, 몸을 데워서 피가 잘 돌게 하려고. 탕 속에 10분 넘게 있는 건 좋지 않아.

생식기 씻는 법

생식기는 여자와 남자가 다르게 생겼어. 씻는 법도 달라. 생식기 씻는 걸 뒷물이라고 해. 여자는 두 발로 딛고 무릎을 벌려서 쪼그려 앉아. 샤워기 물살을 중간 정도로, 물 온도는 미지근하게. 물을 생식기에서 똥꼬 쪽으로 흐르게 씻어. 비누를 쓰지 말고 물만 흘려서 닦아. 남자는 고추를 들고 살이 겹치는 데를 잘 씻어야 해. 깨끗한 손으로 씻어야 한다.

자외선 차단

자외선은 햇빛 속에 섞여 있는 빛이야. 우리 살갗을 태우고 뜨겁게 하지. 많이 쬐었을 때는 피부에 병이 생기기도 해. 그러니 되도록 자외선을 가리는 게 좋아. 소풍이나 캠핑을 가서 밖에서 오래 놀아야 할 때는 챙이 큰 모자를 쓰는 게 좋겠지. 자외선 차단제를 발라도 좋아.

손발톱 깎는 법

손톱과 발톱은 피부가 딱딱하게 바뀐 거야. 손끝과 발끝을 보호하고, 힘줄 때 지탱하는 역할도 해. 손톱, 발톱을 너무 짧게 깎으면 안 돼. 손발톱 아래 살보다 손발톱이 더 길어야 보호할 수 있어.

발톱
일자로 깎아. 특히 발톱 모서리가 발톱 살보다 길게 나오도록 깎아.

손톱
동그랗게 깎아.

손톱 줄
손톱 끝이 까끌하면 옷이나 살에 상처를 낼 수 있으니 잘 다듬어.

비누 이야기

비누는 물비누도 있고, 고체 비누도 있어. 그래도 비누가 하는 일은 똑같아. 세균과 기름때를 없애는 거야. 먼지는 물로만 씻어도 없앨 수 있어. 비누에는 여러 가지 화학 성분이 들어 있어. 어떤 사람들은 화학 성분이 몸에 해롭다고 꺼려서, 자연 성분으로 비누를 만들어서 써. 기름과 여러 가지 곡물가루를 이용해서 만들어. 비누로 씻고 나서는 꼭 보습제를 발라야 해.

밥과 똥 얘기를 해 보자.

먹으면 눈다

음식은 맛있고, 똥은 더러울까?
음식이 뱃속으로 들어가서 똥이 되는 건데?

뱃속에서 도대체 무슨 일이 일어나는 걸까?

밥을 잘 먹자

사과를 먹어 보자.

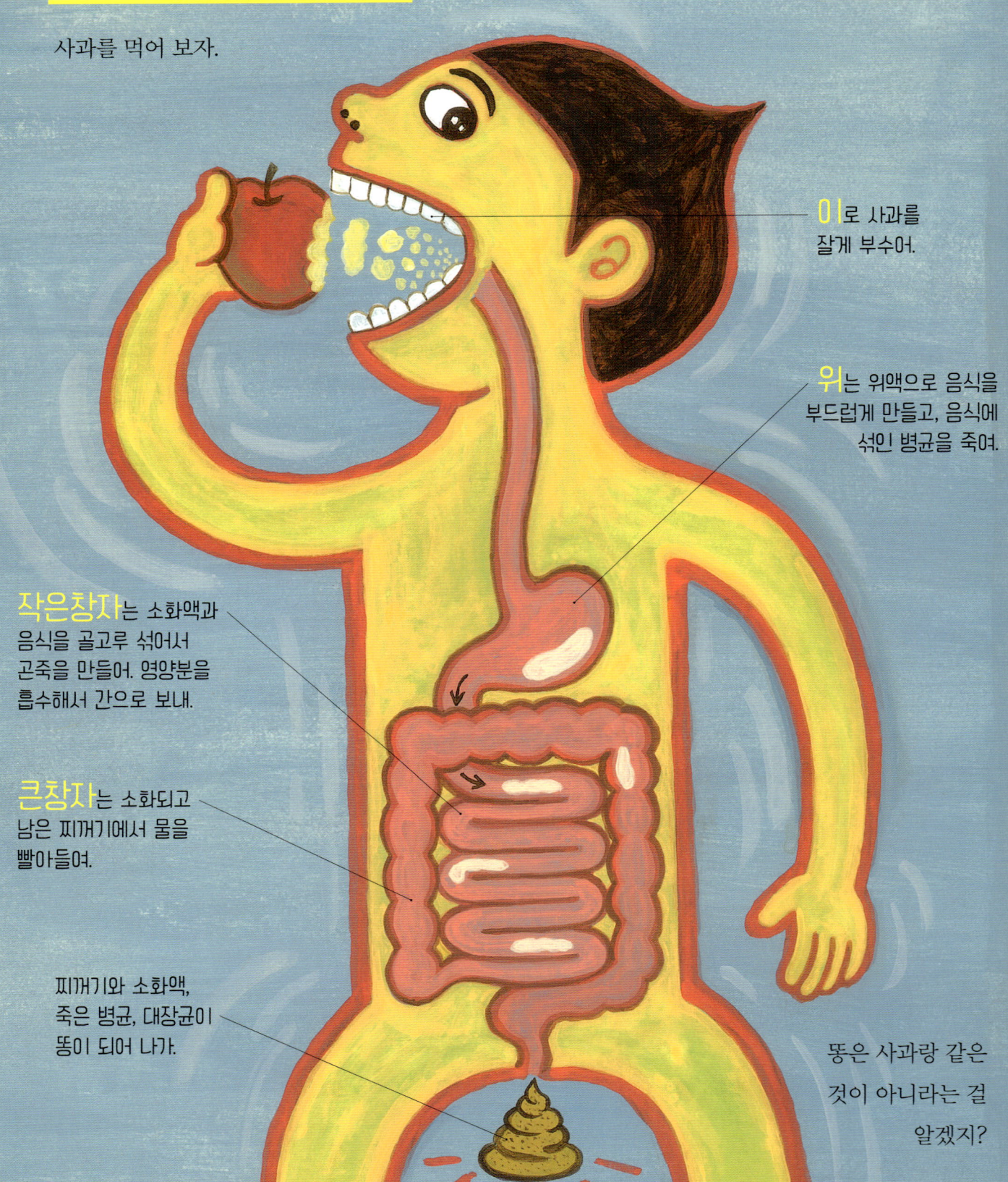

이로 사과를 잘게 부수어.

위는 위액으로 음식을 부드럽게 만들고, 음식에 섞인 병균을 죽여.

작은창자는 소화액과 음식을 골고루 섞어서 곤죽을 만들어. 영양분을 흡수해서 간으로 보내.

큰창자는 소화되고 남은 찌꺼기에서 물을 빨아들여.

찌꺼기와 소화액, 죽은 병균, 대장균이 똥이 되어 나가.

똥은 사과랑 같은 것이 아니라는 걸 알겠지?

음식은 우리 몸에 영양분을 공급해. 먹지 않으면 살 수 없다는 뜻이야.
소화가 잘될수록 음식에 있는 영양분을 더 많이 우리 것으로 만들 수 있어.

우리 몸이 음식을 소화시키느라 애쓰는데, 우리는 어떻게 도울 수 있을까?

열심히 씹기!
위나 창자에서 소화액으로 음식을 부드럽게 만드는 것보다, 이로 자르고 부수는 게 훨씬 빠르고 쉬워. 천천히 꼭꼭 씹자.

골고루 먹기!
고기도 먹고, 멸치도 먹고, 시금치도 먹고, 달걀도 먹고, 밥도 먹고, 고등어도 먹고, 호두도 먹자. 우리 몸이 자라고 활동하는 데는 여러 영양소가 필요하거든. 음식을 골고루 먹어야 영양소를 다 먹을 수 있어.

 시금치는 싫은데?
 시금치 대신 다른 채소를 먹으면 돼.

규칙적으로 먹기!
우리 몸 안에도 시계가 있어. 밤이 되면 졸리고, 아침이 되면 잠이 깨는 게 다 그래서야. 밥 먹을 시간이 되면 배가 고파. 밥때가 되면 우리 몸은 음식을 소화시킬 준비를 해. 그런데 음식이 아무 때나 들어오면 언제 준비를 해야 할지 모른대. 그러면 소화가 잘 안 되고, 똥도 제대로 안 나온다. 그러니 날마다 같은 시간에 비슷한 양을 먹는 게 좋아.

몸속에 우리도 있다!

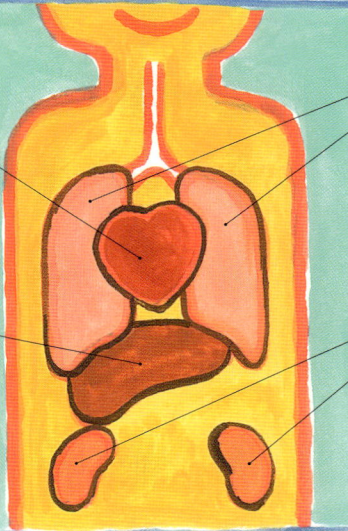

안녕? 나는 심장이고 널 피가 돌게 할 거야!
심장은 피를 온몸으로 보내서 산소와 영양분을 공급해. 몸을 한 바퀴 돈 피를 받아들여서 허파로 보내.

안녕? 나는 허파고 널 숨 쉬게 할 거야!
허파는 코로 들이마신 공기 중 산소를 피에 실어 보내고, 이산화탄소를 밖으로 내보내.

안녕? 나는 간이고 널 튼튼하게 할 거야!
간은 작은창자가 보낸 영양분 중에서 좋은 건 심장으로 보내고, 필요 없는 걸 골라서 없애.

안녕? 나는 콩팥이고 널 깨끗이 할 거야!
콩팥은 핏속 찌꺼기를 걸러서 맑은 피로 만들어. 찌꺼기와 물은 오줌으로 내보내지.

똥을 잘 누자

똥을 잘 누는 것도 밥을 잘 먹는 것만큼 중요해. 똥을 잘 못 누면
속이 더부룩해서 음식을 잘 안 먹게 돼. 설사를 하면 영양분도 똥으로 다 나간다.
그러면 우리가 튼튼하게 자라는 데 방해가 되지.

응가하자 끙끙

뱃속에 똥이 있는데 잘 안
나올 때가 있어. 배는 아픈데
똥이 안 나와서 울고 싶지.
똥을 잘 누려면 이렇게 해 봐.

똥이 마려울 때
바로 화장실로 가기

재미있는 거 하고 있을 때 화장실
가기 싫은 거 알아. 그러다가는
변비에 걸린다고. 똥이 나가겠다고
할 때 얼른 나오라고 하자.

규칙적으로 누기

아침밥 먹고 나서 똥을 누는
습관을 들여. 안 마려워도
일단 화장실로 가자.

똥 눌 때는
똥 누는 데만 집중하자

게임을 하거나 책을 보는 건
좋지 않아.

채소와 과일을
많이 먹고, 물도
많이 마시자.

변기 뚜껑을 닫자!

똥 누고 나서 변기 물을 쏴악
내리면 똥이 내려가잖아. 그때
똥 찌꺼기랑 대장균들이 변기
밖으로 막 튀어나온다. 우엑.
그러니까 뚜껑을 꼭 닫자.
화장실에서 나오기 전에 비누로
손 씻는 거 잊지 말고!

똥꼬를 잘 닦는 법

휴지를
이쪽 방향으로!

똥이
나오는 구멍

오줌이
나오는 구멍

똥을 닦다가 똥에 섞인 대장균이
오줌 나오는 구멍에 묻지 않게 조심.
너무 박박 문지르면 똥꼬가 헐어.
살살 골고루 닦자. 물휴지를 쓰면
깨끗이 닦을 수 있어.

방귀 잘 뀌기

음식을 먹고 소화시킬 때
우리 몸에서는 가스가 만들어져.

똥꼬로 나오면 방귀,
뿌웅~

입으로 나오면 트림,
끄억~

방귀나 트림은 몸속에서 나오니까
냄새가 나. 그래서 옆 사람이
방귀를 뀌거나 트림을 하면
기분이 나빠. 하지만 참으면 몸에
나쁘거든. 사람들 바로 옆에서
하지 말고 저쪽으로 가서 하자.

그럼 재채기나 기침을 할 때는?

재채기나 기침을 할 때는 팔로 입을 가리고 해.
침이나 세균이 다른 사람들에게 닿지 않도록 말이야.

나 아픈 것 같아

재채기나 기침은 심심해서 하는 게 아니야.
내 몸이 아플지도 모른다고 신호를 보내는 거지.
세균이나 바이러스는 우리 몸이 힘들고 지쳤을 때
몸속으로 들어와. 그리고 순식간에 늘어나서
건강한 세포를 죽여. 죽은 세포를 청소하려고
콧물이 흐르고, 기침도 나지.
콧물이 나고 기침이 나는 건 감기가 올락 말락한다는
신호야. 배가 살살 아프고 설사가 나는 건 많이
먹어서 그럴 수도 있지만, 장에서 세균이나
바이러스가 말썽을 일으켰다는 신호이기도 해.
머리가 지끈지끈 아프고, 몸이 뜨겁고,
눈꺼풀이 내려앉고, 자꾸 눈물이 날 것 같아?
그럴 때는 어른들한테 아픈 것 같다고 말하자. 아픈
건 잘못이 아니야. 도움을 받자.

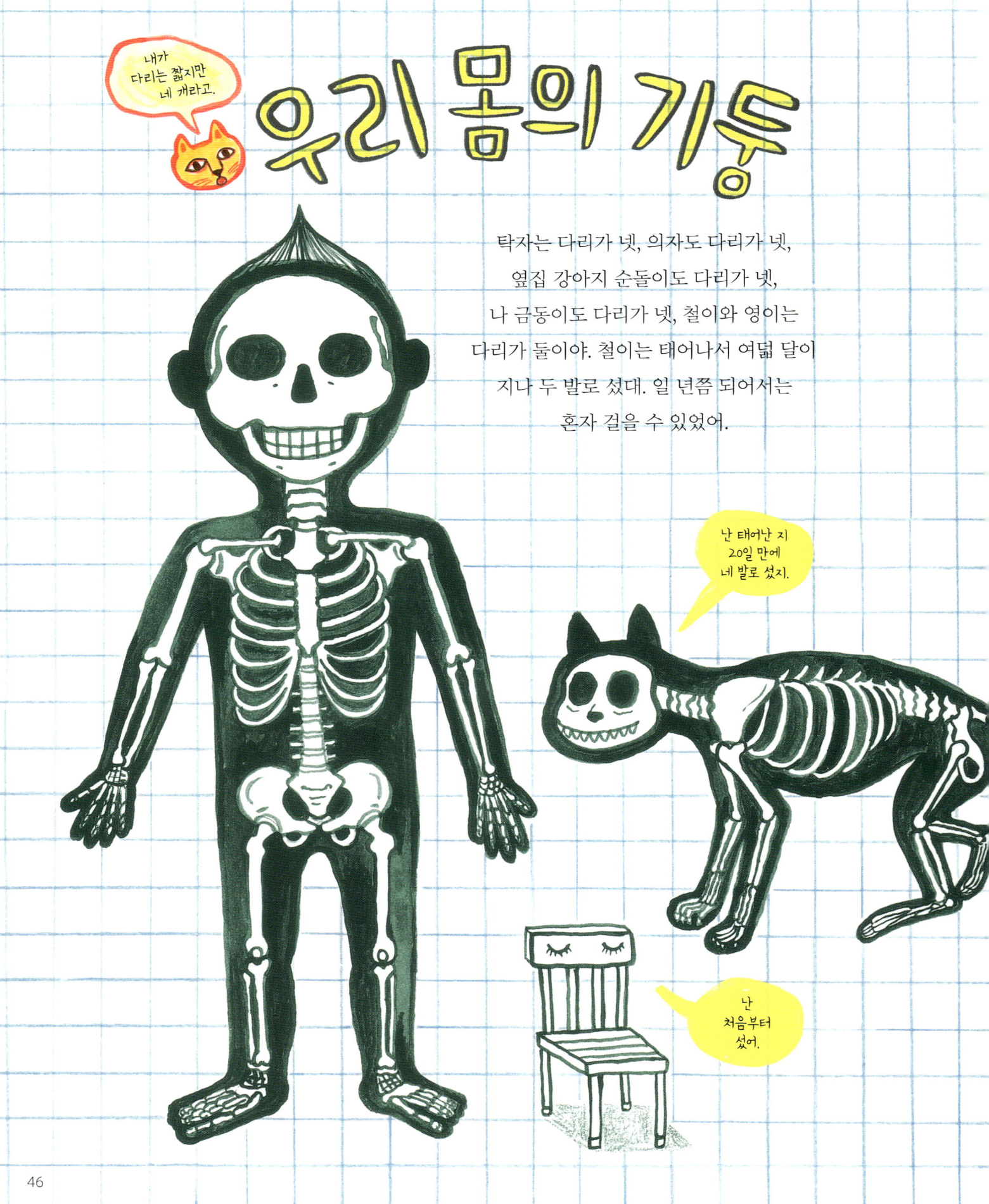

네 발과 다리로 서면 넘어질 염려가 없는데,
사람은 어쩌다 두 발로 서게 됐을까?

손을 쓰기 위해서래. 두 발로 서서 손으로 나무 열매를
따 먹었어. 또 도끼를 손에 들고 짐승을 사냥했대.
이렇게 손에 도구를 쥔 덕분에 사람들은 덜 배고플 수 있었대.
동물들보다 달리기도 못하고 날카로운 이빨도 없지만 말이야.
그 대신 다리와 허리, 어깨, 목이 늘 아프게 됐대.

비 올 때 우산도 들지.

고양이는 그냥 비를 맞는다.

바르게 서자

사람은 다리 두 개로 몸을 받쳐야 하니까 다리뼈가 가장 크고 강해. 발도 네 발로 걷는 짐승보다 커. 두 발로 균형을 잡아야 하거든. 이 뼈들을 움직이게 하는 건 근육이야.

영이와 철이가 서 있는 자세를 보자

오른쪽 옆구리랑 허벅지가 땅겨. 오른쪽 목도 힘들고. 왼발도 힘들어! 쓰러질 것 같아!

뒷목 아프고, 등허리가 땅겨. 발뒤꿈치에 힘이 많이 들어가 있어.

배를 내밀거나

몸을 앞으로 굽히거나

오른쪽으로 기우뚱 서거나

다리를 꼬지 말자.

자세가 한쪽으로 기울어져 있으면, 한쪽 근육이 일을 더 많이 해야 해.
그래야 몸이 쓰러지지 않거든. 일을 더 많이 한 근육은 힘들어서 아파.
일을 안 한 근육은 편할 거 같지?
그렇지 않아. 근육은 움직이지 않으면 딱딱하게 굳어.
잠깐 동안 나쁜 자세로 있는 건 크게 힘들지 않아.
하지만 시간이 지나면 견디기 어렵게 아플 거야.
나쁜 자세로 1년, 10년, 20년을 살면 몸이 얼마나 아프겠어.

그래서 어릴 때부터 자세를 똑바로 하라는 거야.

올바른 자세란

어깨, 골반, 무릎의
왼쪽, 오른쪽이
똑같은 높이로.

몸이 왼쪽이나 오른쪽으로
치우치지 않게.

고개를 똑바로.

옆에서 봐도
몸이 휘지 않게
똑바로.

아무 데도 아프지 않은 자세가 올바른 자세야.
두 발, 두 다리에 힘이 골고루 들어가 있고,
몸은 수직으로 반듯이 서 있고,
어깨와 가슴은 활짝 펴고,
머리도 척추와 목 위에 바로 얹혀 있어야 해.
턱은 앞으로 쑥 내밀지 않는다.

배에 살짝
힘을 주면 더 반듯한
자세가 되지.

금동아, 넌
두 발로 서면 안 돼.
그건 나쁜 자세야.

바르게 걷자

발에는 발가락이 달려 있어. 발가락으로 뭘 집거나 글씨를 쓰지도 못하는데 왜 달려 있을까? 발바닥은 가운데가 움푹하게 들어가 있고, 동그란 발꿈치는 살이 단단하지. 왜 이렇게 생겼냐면 걷기 좋으라고 이렇게 생겼어. 그런데 걸음은 발로만 걷는 게 아니지. 다리를 움직여야 하고, 몸을 세워야 하니까 허리와 등도 쭉 펴. 바르게 걷기의 기본은 바르게 선 자세에서 시작한다는 거지!

바르게 걷는 법

가슴을 활짝 펴고

❶ 다리를 쭉 뻗어 뒤꿈치를 먼저 땅에 딛고

고개를 바로 들고

❷ 발바닥 전체를 다 딛고

팔을 쫙 편 채 앞뒤로 씩씩하게 흔들어.

❸ 엄지발가락 뿌리 쪽으로 땅을 박차고 발을 떼. 이때 뒷무릎을 굽히지 말고 쭉 뻗어.

팔자걸음과 안짱걸음 고치기

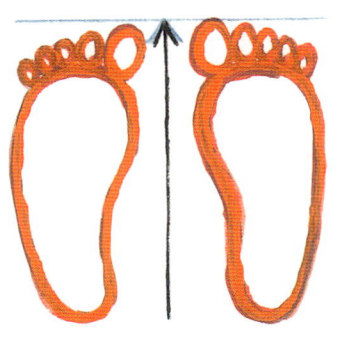
바른 발 자세

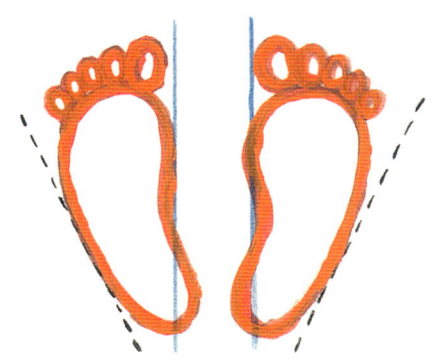
걸을 때 발이 이렇게 되면 팔자걸음

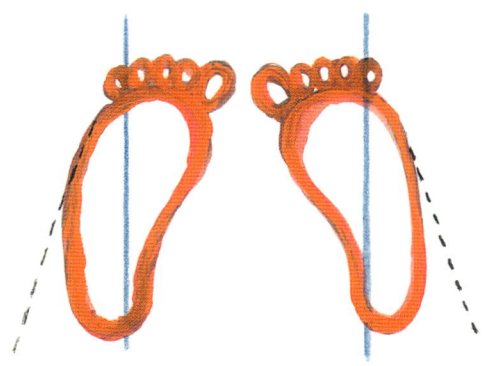
걸을 때 발이 요렇게 되면 안짱걸음

자기가 어떻게 걷는지 잘 모를 수 있어.
이럴 땐 신발을 보면 돼.

신발 바깥쪽이 더 빨리 닳으면 팔자걸음

안쪽이 빨리 닳으면 안짱걸음

오랫동안 잘못 걸으면 나중에 다리 근육과 발에 문제가 생겨. 팔자걸음이나 안짱걸음은 다리가 원래 그렇게 걷게 생긴 게 아니야. 습관이 잘못 든 거야. 그러니까 고치면 된다는 거지!
걸을 때마다 늘 11자로 걸으려고 신경 써야 해. 발끝이 자꾸 벌어지는 사람은 발을 더 안쪽으로 넣듯이 걸어. 발끝이 자꾸 모이는 사람은 발끝을 더 바깥쪽으로 벌리듯이 걸어.

바르게 앉자

앉은 자세의 기본은 서 있는 자세와 비슷해. 머리부터 등, 허리까지 똑바로 한 줄이 되게 하는 것. 그래야 허리나 등, 목이 아프지 않아.

의자에 앉을 때

- 무릎은 90도로
- 등받이에 허리를 바짝 붙여.
- 무릎과 무릎 사이에 주먹 하나 들어갈 정도로 떼고 앉아.
- 엉덩이를 의자 깊숙이 넣어 앉아.
- 발은 발바닥 전체가 바닥에 닿게. 의자가 너무 높아? 그럼 발판을 놓고 발을 올려.

에구구구 허리야!
빠직!

이러시면 안 됩니다!

구부정하게 앉지 말고

발이 붕 떠도 안 되고

아빠다리를 하지도 말고

꼬지도 말고

의자에 걸터앉아도 안 되고

한 다리를 다른 다리에 올려놓지도 말고

소파에 기댄 채 무릎 세우고 앉아서 스마트폰 보기 없기!

다리를 쩍 벌리지 말고

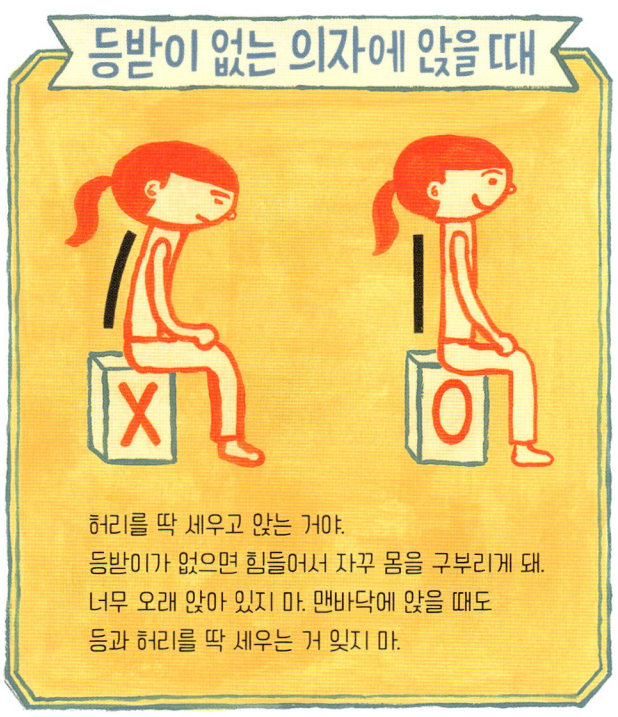

등받이 없는 의자에 앉을 때

허리를 딱 세우고 앉는 거야.
등받이가 없으면 힘들어서 자꾸 몸을 구부리게 돼.
너무 오래 앉아 있지 마. 맨바닥에 앉을 때도
등과 허리를 딱 세우는 거 잊지 마.

앉는 자세에서 가장 나쁜 게 뭔지 알아?
그건 바로! 오래 앉아 있는 거야.
앉아 있으면 몸통이랑 다리는 가만히 있잖아.
오래 가만히 있으면 몸이 굳어. 어른들이 괜히
"에구구구!" 하는 게 아니라고. 그러니 학교에서
쉬는 시간마다 일어나서 움직이라고. 교실을
나가서 놀아! 어디서 뭘 하든 40~50분마다
일어나서 움직이기!

엉덩이 딱 붙이고 진득하게 앉아서 공부하랬는데?

그건 네가 숙제하면서 5분에 한 번씩 일어나니까 그렇지.

53

운동을 어디에서 하면 좋을까?

찻길가에서 하면 위험해서 안 되고, 골목은 좁고, 아파트 주차장은 놀면 안 되는 데고, 학교 운동장이나 마을 체육공원같이 넓은 데가 좋겠지.

운동 전에 준비할 것

운동복 땀을 잘 빨아들이는 면티와 면바지.

운동화 발에 딱 맞고, 바닥이 두툼하면서 부드럽고 가벼운 신발이 좋아. 바닥 얇은 신발을 신고 뛰다가는 성장판을 다칠 수도 있어.

손수건 땀이 흐르면 손수건으로 닦자.

물 운동할 때는 땀을 많이 흘리니까, 물을 자주 마시는 게 좋아.

운동하기 전 몸풀기

가만있다가 갑자기 뛰면 몸을 다칠 수도 있어. 몸을 따뜻하게 데워서 근육을 부드럽게 늘려 보자. 이불 속에 있으라는 게 아니고, 움직이라는 말이야. 운동 끝나고 나서도 똑같이 해 주는 게 좋아.

목 운동 고개를 숙였다가 천천히 오른쪽으로 3번, 왼쪽으로 3번 돌리기.

기지개 켜기 다리를 어깨너비로 벌리고 서서 두 손을 깍지 끼고 위로 쭉쭉 올리기.

옆구리 운동 두 팔을 올려서 깍지 낀 채 몸통과 팔을 오른쪽, 왼쪽으로 기울이기. 3번 반복.

허리 돌리기 두 발을 어깨너비로 벌리고 허리에 손을 얹은 뒤 허리를 천천히 오른쪽, 왼쪽으로 돌리기.

허벅지 운동 두 발을 어깨너비보다 크게 벌리고 오른쪽 무릎을 구부리기. 왼손으로 왼쪽 허벅지를 눌러. 천천히 다섯을 센 다음 오른쪽 무릎을 펴고 왼쪽 무릎을 구부려. 오른손으로 오른쪽 허벅지를 누르고 다섯 세기.

무릎 돌리기 무릎을 살짝 구부려서 손을 얹은 뒤 왼쪽 오른쪽으로 돌리기. 2번씩.

다리 운동 다리를 어깨너비보다 좀 넓게 벌리고 허리를 굽혀서 발을 향해 팔을 뻗어. 왼발 쪽, 오른발 쪽 번갈아 3번.

등배 운동 다리를 어깨너비로 벌리고 서서 천천히 허리를 숙여. 머리와 팔을 아래로 늘어뜨려 하나, 둘, 셋을 세고 다시 올라와서, 허리를 펴서 두 손으로 받치고 몸을 뒤로 젖히기.

신나게 달리자

달리기 잘하는 법을 연구해 봤어. 달리기를 열심히 하면 근육과 뼈가 튼튼해져.
힘이 세지고, 심장과 폐도 건강해지지. 몸이 탄탄해지면서 뱃살도 빠진대요, 아빠.
잘 달리는 방법은 잘 걷는 방법과 별로 다르지 않아.
발꿈치부터 대고 발바닥 전체로 디딘 다음, 엄지발가락 뿌리로 땅을 박차는 거야.

허리를 바로 세우고
고개도 똑바로.

팔을 굽혀서 앞뒤로
크게 움직여. 허리를 뒤로
젖히지는 말고.

바르게 눕는 법

베개는 너무 높지 않게. 목과 머리를 함께 받치는 게 좋아.

옆으로 누워 잘 때는 쿠션이나 다른 베개를 이용해서 다리를 올리고 자면 좋아.

잠이 잘 안 와? 그럴 땐 이렇게!

1 날마다 같은 시간에 자고 일어나기
몸에도 시계가 있다고 말했지? 늘 같은 시간에 자면, 늘 같은 시간에 졸려.

3 잠자기 전에 잔뜩 먹지 말기
배부른 채 누우면 숨쉬기도 힘들더라.

2 이 닦고 오줌 누기
날마다 9시에 이를 닦고 오줌을 누면, 우리 몸은 "아, 잘 시간이구나." 한다.

4 숨을 깊이 들이쉬고 내뱉기
배가 볼록해지도록 숨을 들이쉬고 뱉으면 잠이 잘 와.

90년 동안 이롭자

이제 우리는 왜 씻어야 하는지, 왜 바르게 앉아야 하는지,
어떻게 해야 잘 달릴 수 있는지 알게 되었어.
날마다 앉고, 걷고, 달릴 때마다 왜 그렇게 하는지,
어떤 자세로 하면 좋은지 기억하면서 하면 더 즐거울 거야.
이제 우리 몸이 습관을 들이면 돼.
습관이란 내가 굳이 머리로 생각하지 않고도 저절로 하는 거야.
하기 싫다고 생각할 겨를도 없이 하고 있으면 되는 거라고.
습관이 들기까지는 조금 힘들어. 하지만 우리는 어린이잖아.
지금 좋은 습관을 들이면 앞으로 90년은
써먹을 수 있다고. 굉장하지?

부러운걸?

우리는 자라고 있는 중이야.
몸도 자라고 마음도 자라서 나중에는 모두 어른이 되겠지.
어떤 사람이 될까?

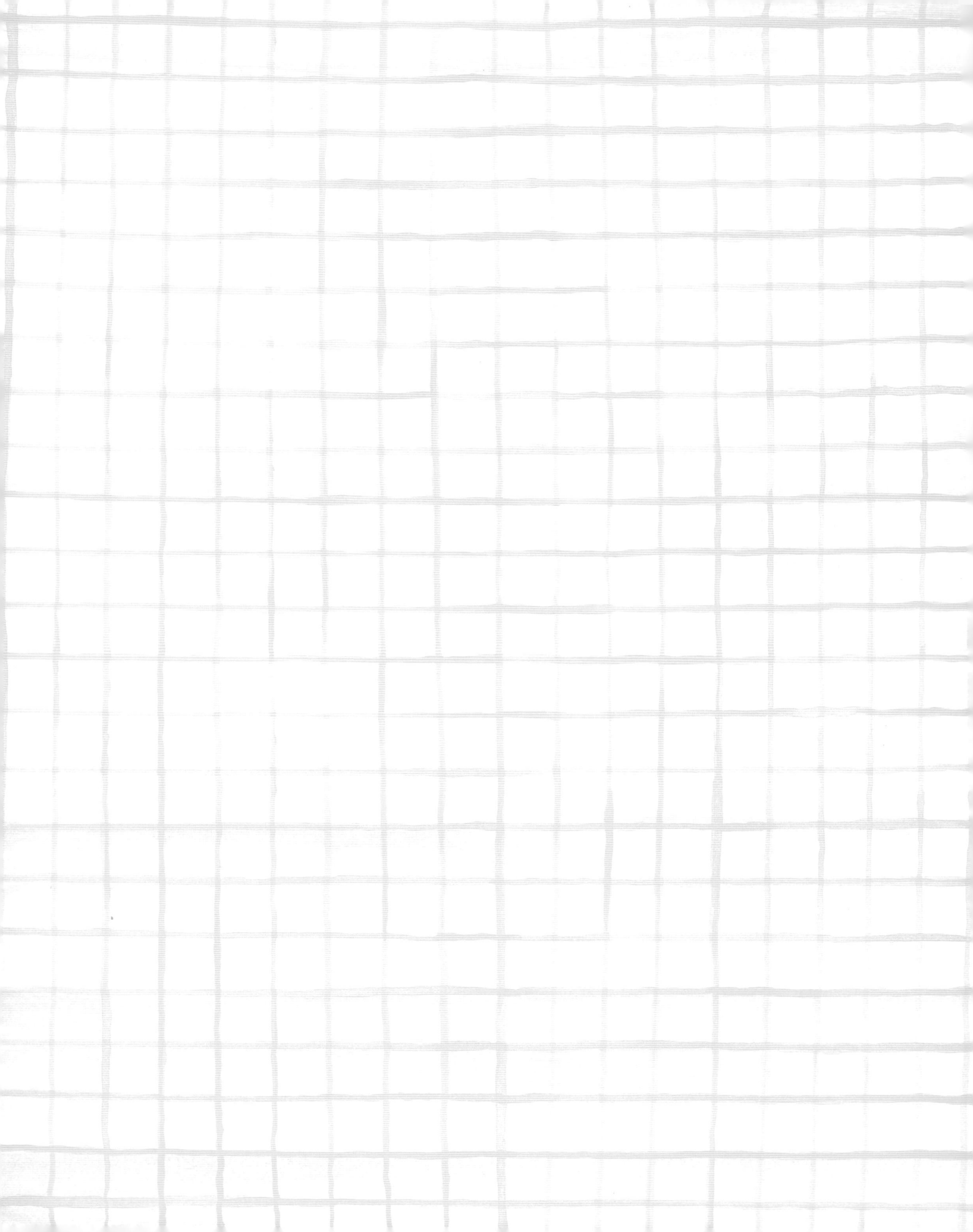